Jakob Luger

„right2water"

Jakob Luger

Ein neues Werkzeug: Die Europäische Bürgerinitiative am Fallbeispiel von „right2water“

ÖGB VERLAG

Verlag des Österreichischen Gewerkschaftsbundes GmbH
Johann-Böhm-Platz 1
1020 Wien
Tel. Nr. 01/662 32 96-0
Fax Nr. 01/662 32 96-39793
E-Mail: office@oegbverlag.at
Web: www.oegbverlag.at

Umschlaggestaltung: Thomas Jarmer

ISBN 978-3-99046-168-6

Medieninhaber: Verlag des ÖGB GmbH, Wien

Hersteller: Verlag des ÖGB GmbH, Wien
Verlags- und Herstellungsort: Wien
Printed in Austria

Inhaltsverzeichnis

Für meine Mutter Rosina und meinen Vater Manfred
Für meine Schwestern Bernadette und Anna
Für meine Großeltern Rosina und Emmerich, Maria und Anton

1. Einleitung zum Thema

Mit Inkrafttreten des Vertrags von Lissabon am 1. Dezember 2009 wurde die Europäische Bürgerinitiative (EBI)[1] ins Leben gerufen, wobei noch mehr als zwei Jahre vergingen, ehe seit 1. April 2012 die EU-Verordnung 211/2011 die genaue Ausgestaltung des derzeitigen Modells festlegte (vgl. Europäische Union 2011a/2012a).

Die im Vertrag über die Europäische Union (EUV) verankerte EBI ist das weltweit erste Instrument zur transnationalen politischen Partizipation von BürgerInnen. Seit den 1990er Jahren wurde schon intensiv darüber diskutiert, wie die Interessen von BürgerInnen auf europäischer Ebene besser Gehör finden können (vgl. Nentwich 1996/Kohler-Koch 2004/Europäisches Attac-Netzwerk 2007/Pollak; Slominski 2012). Der zur Erarbeitung eines EU-Verfassungsentwurfs eingesetzte Europäische Konvent (= „Verfassungskonvent") inkludierte beispielsweise die Europäische Bürgerinitiative bereits im Rahmen des vorgeschlagenen Prinzips der partizipativen Demokratie (vgl. Europäischer Konvent 2003: Art. 46 (4)). Der Verfassungsvertrag wurde als solcher nach den negativen Volksabstimmungen in Frankreich und den Niederlanden verworfen, der Großteil seiner Inhalte, wie auch die EBI, jedoch im Lissabon-Vertrag verwirklicht.

Die unter anderem im Verfassungskonvent debattierten Überlegungen standen im Kontext einer größeren Diskussion rund um die demokratische Verfasstheit des politischen Systems der EU (vgl. Pollak; Slominski 2012: S. 181–188). In der politikwissenschaftlichen Literatur wird in diesem Zusammenhang von einem Demokratiedefizit der Europäischen Union gesprochen (vgl. Follesdal; Hix 2006/Pollak; Slominski 2012: S. 173/182). Im Wesentlichen ist damit jener Umstand gemeint,

1) Grundsätzlich wird im Rahmen dieses Buches eine geschlechtergerechte Sprachform durch das „Binnen-I" angewendet, um die ausreichende sprachliche Berücksichtigung beider Geschlechter zu gewährleisten. Einzige Ausnahme ist die „Europäische Bürgerinitiative", welche im Unterschied zu allen anderen Begriffen lediglich in der männlichen Form verwendet wird. Grund dafür ist der Umstand, dass auf der deutschsprachigen Version der Kampagnenhomepage von „right2water" sowie auf allen offiziellen Presseaussendungen von „right2water" in deutscher Sprache der Ausdruck „Europäische Bürgerinitiative" aufscheint. Insofern wird zum Zwecke der Kohärenz die männliche Form ausnahmsweise beibehalten.

dass vormals nationalstaatliche Kompetenzen auf die europäische Ebene übertragen werden, dort aber nicht unter entsprechender demokratische Kontrolle (des Europaparlaments) fallen (vgl. Pollak; Slominski 2012: S. 182). Ein zentrales Element dieses Demokratiedefizits ist beispielsweise das fehlende Gesetzesinitiativrecht des Europäischen Parlaments. Gesetzesinitiativen können nur auf Vorschlag der Kommission gestartet werden (vgl. Europäische Union 2012a: Art. 17 (2)).

Immer wieder wurde vor allem vonseiten zivilgesellschaftlicher Organisationen die fehlende BürgerInnennähe der europäischen Institutionen kritisiert und im gleichen Atemzug der Ruf nach direkter Teilhabe von BürgerInnen in Entscheidungsfindungsprozessen gefordert (vgl. Europäisches Attac-Netzwerk 2007).

Mittlerweile wurden zahlreiche Europäische Bürgerinitiativen gestartet, wobei drei davon nach der formalen Registrierung durch die Kommission auch die notwendigen Unterschriften sammeln konnten. Die historisch erste quantitativ erfolgreiche Initiative trägt den offiziellen Namen „Wasser und sanitäre Grundversorgung sind ein Menschenrecht! Wasser ist ein öffentliches Gut und keine Handelsware!“[2]. Bis dato gab es nur wenige ähnliche Teilhabemöglichkeiten von BürgerInnen in politischen Aushandlungsprozessen auf europäischer Ebene, wie beispielsweise die Petition an das Europäische Parlament oder auch die öffentlichen Online-Konsultationsverfahren der Kommission (vgl. Maurer; Vogel 2009: S. 11). Aushandlungsprozess bedeutet in diesem Zusammenhang die unverbindliche Einbindung in Politikformulierungsprozesse.

Für eine Europäische Bürgerinitiative gilt ein doppeltes Quorum: Wenn für ein jeweiliges Anliegen insgesamt mindestens eine Million Signaturen europaweit gesammelt und gleichzeitig in wenigstens einem Viertel aller Mitgliedstaaten die per EU-Verordnung festgesetzten nationalen Stimmhürden bezwungen werden, kann eine Initiative der Kommission unterbreitet werden (vgl. Europäische Union 2011a: Art. 7). Bisher haben lediglich drei von 51 gestarteten EBIs die notwendigen Unterschriften gesammelt.

---

2) Europäische Kommission (2015): Die Europäische Bürgerinitiative. Amtliches Register. Zuletzt aktualisiert am 12. März 2015. Online verfügbar unter: http://ec.europa.eu/citizens-initiative; abgerufen am 12. März 2015.

Daraufhin ist die Europäische Kommission verpflichtet, die InitiatorInnen öffentlich anzuhören und ihnen binnen drei Monaten eine Antwort bezüglich ihrer Forderungen zu unterbreiten. Laut EBI-Umsetzungsverordnung „legt sie [Anm.: die Kommission] innerhalb von drei Monaten in einer Mitteilung ihre rechtlichen und politischen Schlussfolgerungen zu der Bürgerinitiative sowie ihr weiteres Vorgehen bzw. den Verzicht auf ein weiteres Vorgehen und die Gründe hierfür dar" (ebda.: Art. 10 (1) c). Insofern muss auf eine das doppelte Quorum überspringende Bürgerinitiative nicht notwendigerweise ein EU-Rechtsakt folgen. Vielmehr können BürgerInnen die Kommission lediglich dazu auffordern, im Bereich der Forderungen einer EBI eine EU-Gesetzesinitiative zu starten (vgl. ebda.: Art. 11). Anders formuliert: Mit der EBI können BürgerInnen in erster Linie das Agenda-Setting übernehmen, während die Kommission dann selbst darüber entscheidet, wie mit einem jeweiligen Anliegen weiterverfahren wird.

Dieses eine Instrument wird so schwerlich alleine das vielschichtige Demokratiedefizit der EU beseitigen können (vgl. Follesdal; Hix 2006/Pollak; Slominski 2012). Ein derartiger Anspruch wird an die EBI aber auch von vorherein nicht gestellt. Vielmehr ist zu hinterfragen, inwiefern dieses Instrument das Verhältnis zwischen europäischen Institutionen, EU-EntscheidungsträgerInnen und den BürgerInnen in der Europäischen Union verändert. Anhand des einen Fallbeispiels vom „right2water" wird in weiterer Folge erforscht werden, welche konkreten Auswirkungen die Schaffung der Europäischen Bürgerinitiative auf die Partizipationschancen von BürgerInnen auf europäischer Ebene hat.

2. Relevanz der Thematik und Erkenntnisinteresse

Seit Inkrafttreten der Umsetzungsverordnung 211/2011 wurden bis Mitte Februar 2015 insgesamt 51 EBIs gestartet.[3] Es wurden aber von der Kommission lediglich 31 eingereichte Initiativen als formal zulässig akzeptiert, wobei bisher nur drei davon die notwendigen Unterschriften sammeln konnten. Folglich ist der Großteil der lancierten EBIs bereits an den in der Umsetzungsverordnung festgelegten Kriterien zur formalen Zulässigkeit gescheitert oder aber es konnten nicht genug Unterstützungserklärungen eingeholt werden.

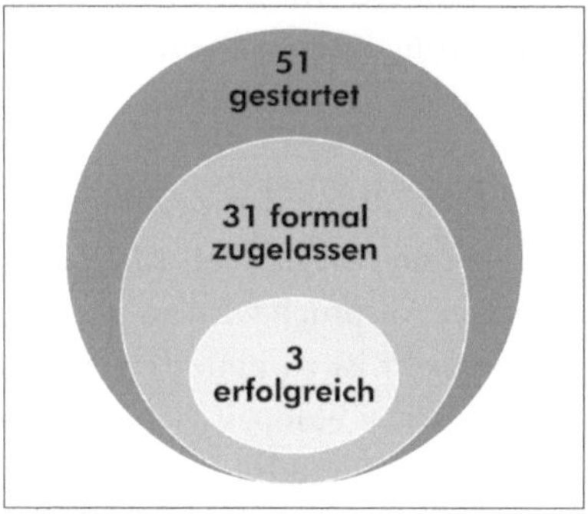

Abbildung 1: Übersicht zu den bisher lancierten EBIs

„Right2water" unterscheidet sich von allen bisherigen Initiativen. Es handelt sich nach Bescheinigung der Rechtmäßigkeit des Anliegens auf Basis der Umsetzungsverordnung 211/2011 um die erste formal erfolgreiche Europäische Bürgerinitiative. Die InitiatorInnen von „right2water" haben diese zweifache Stimmhürde, jenes so genannte doppelte Quorum, deutlich übertroffen.[4] Nach genauer Überprüfung der Unterschriftenlisten wurden insgesamt 1.659.543 gültige Stimmen registriert.[5] Zudem wurden die nationalen Stimmhürden in 13 EU-Mitgliedstaaten übersprungen: In Belgien, Deutschland, Finnland, Griechenland, Italien, Litauen, Luxemburg, den

3) Europäische Kommission (2015): Die Europäische Bürgerinitiative. Amtliches Register. Zuletzt aktualisiert am 12. März 2015. Online verfügbar unter: http://ec.europa.eu/citizens-initiative; abgerufen am 12. März 2015.

4) Im Laufe des Jahres 2014 haben nach„right2water" auch die EBIs „One of us" und „Stop vivisection" das doppelte Quorum übersprungen.

5) Europäische Kommission (2015): Die Europäische Bürgerinitiative. Amtliches Register. Zuletzt aktualisiert am 12. März 2015. Online verfügbar unter: http://ec.europa.eu/citizens-initiative; abgerufen am 12. März 2015.

Niederlanden, Österreich, Slowenien, der Slowakei, Spanien und Ungarn.[6]

„Right2water" ist also der historisch erste Beispielfall einer formal erfolgreichen Initiative. Insofern ist dies auch die erste EBI, welche von der Kommission öffentlich angehört wurde bzw. eine schriftliche Antwort der selbigen bekommen hat. Deshalb erschien es als besonders relevant, bei der politikwissenschaftlichen Analyse der Europäischen Bürgerinitiative das Fallbeispiel von „right2water" heranzuziehen.

Laut der offiziellen Kampagnenhomepage ist der Titel dieser Initiative „Water is a human right!", die deutsche Übersetzung lautet „Wasser ist ein Menschenrecht!" Im amtlichen Register der Europäischen Kommission ist ein anderer Name vermerkt. Dort scheint die Initiative unter dem Namen „Wasser und sanitäre Grundversorgung sind ein Menschenrecht! Wasser ist ein öffentliches Gut und keine Handelsware!" auf. Die englische Übersetzung heißt „Water and sanitation are a human right! Water is a public good, not a commodity!"[7] Aufgrund der Tatsache, dass die Domain der offiziellen Kampagnen-Homepage www.right2water.eu ist, wird diese Kampagne in der Regel mit „right2water" bezeichnet. Diese zeit- und platzsparende Vorgehensweise wird im Rahmen dieser Masterarbeit ebenso gewählt.

Mittlerweile gibt es auch zwei weitere EBIs, denen es gelungen ist, das doppelte Quorum zu erreichen. Die Initiative namens „One of us" fordert die Kommission auf, jegliche finanzielle Unterstützung von Forschungstätigkeiten durch EU-Gelder zu beenden, bei denen menschliche Embryonen verwendet werden (vgl. Europäische Kommission 2014a). Jedoch hat die Europäische Kommission das Anliegen von „One of us" in ihrer schriftlichen Antwort mit der Begründung zurückgewiesen, dass bereits strenge ethische Regeln bei der Finanzierung von Forschungstätigkeiten durch EU-Fördergelder bestünden und die Stammzellenforschung außerdem von zentraler Bedeutung für die öffentliche

6) Right2water (2013c): Results by country. 10. September 2013. Online verfügbar unter: http://right2water.eu/de/results; abgerufen am 26. August 2014.

7) Europäische Kommission (2014h): Die Europäische Bürgerinitiative. Amtliches Register. Zuletzt aktualisiert am 12. März 2015. Online verfügbar unter: http://ec.europa.eu/citizens-initiative; abgerufen am 12. März 2015.

Gesundheit sei (vgl. Europäische Kommission 2014a). Da der Fokus dieser Masterarbeit auf einer qualitativen Analyse des ersten Beispielfalls einer formal erfolgreichen EBI liegt, wird „One of us" nicht berücksichtigt.

Die andere formal erfolgreiche EBI trägt den Namen „Stop vivisection" und setzt sich für das Verbot von Tierversuchen bei medizinischen Experimenten ein. Zum Zeitpunkt des Verfassens dieses Buches ist die Reaktion der Kommission noch ausständig.

> *Die EBI wurde als ein Instrument konzipiert, welches die demokratische Einbindung der Interessen der BürgerInnen in der Europäischen Union verbessern sollte (vgl. Europäische Union 2011a: Absatz 1). Insofern betrifft das zentrale Erkenntnisinteresse dieses Buchs die konkreten Auswirkungen der Europäischen Bürgerinitiative auf die politische Partizipation von BürgerInnen auf europäischer Ebene am Fallbeispiel der ersten formal erfolgreichen EBI namens „right2water".*

In einem ersten Schritt muss folglich geklärt werden, wer überhaupt als BürgerIn gilt und welche Kanäle der politischen Einflussnahme diese auf europäischer Ebene abseits der EBI haben. Dadurch soll herausgearbeitet werden, welches politische Teilhabepotential die Europäische Bürgerinitiative mit sich bringt. In einem zweiten Schritt wird dann zu erforschen sein, wie diese neuen Partizipationsmöglichkeiten am Fallbeispiel von „right2water" tatsächlich genützt worden sind.

3. Stand der Forschung

Die Europäische Bürgerinitiative ist aufgrund der kurzen Dauer ihrer Existenz noch wenig erforscht. Die politikwissenschaftlichen Debatten zur EBI können in zwei zeitliche Abschnitte unterteilt werden. Zum einen gab es rege Diskussionen zu möglichen demokratiepolitischen Chancen, bevor die konkrete Ausgestaltung dieses Instruments schlussendlich in der Umsetzungsverordnung 211/2011 verankert wurde (vgl. Pichler 2008/Pichler; Kaufmann 2010/2011).

Andererseits wurde nach Festsetzung des aktuellen Modells analysiert, welche Stärken und Schwächen dieses theoretisch aufweist (vgl. Quittkat 2012/Monaghan 2012/De Clerck-Sachsse 2012/Greenwood 2012/Kentmen-Cin 2013). Da aber bis vor kurzem noch keine formal zugelassene Initiative die notwendigen Unterstützungserklärungen sammeln konnte, gibt es noch wenig politikwissenschaftliche Literatur zu den bisher gestarteten EBIs und deren Auswirkungen auf politische Partizipationschancen von BürgerInnen auf europäischer Ebene.

Die Debatte vor Inkrafttreten der Umsetzungsverordnung war von einem Verständnis geprägt, dass die EBI große Chancen zur grundsätzlichen Veränderung der demokratischen Verfasstheit der EU in sich bergen könnte. Da die genauen Rahmenbedingungen dieses Instruments noch nicht fixiert waren, wurde eine Vielzahl an potentiellen Veränderungen diskutiert. BürgerInnen könnten über die Themensetzung in sachpolitischen Fragen eine aktive oppositionelle Haltung einnehmen (vgl. Fischer 2008: S. 269/Struelens 2011: S. 81/Beier 2011: S. 42–43). Dadurch ergäbe sich auch eine erhöhte Input-Legitimität von EU-Politik, falls BürgerInnen im Vorfeld mithilfe der EBI ihren Anliegen Gehör verschaffen könnten (vgl. Fischer 2008: S. 262/Kaufmann 2010: S. 47). So könnte dieses Instrument die Etablierung einer europäischen Öffentlichkeit forcieren (vgl. Beier 2011: S. 43).

Nachdem die Europäische Kommission mit ihrer Umsetzungsverordnung 211/2011 die aktuell gültigen Rahmenbedingungen für die Europäische Bürgerinitiative eingeführt hatte, fokussierte sich die politikwissenschaftliche Debatte auf diesbezügliche Potentiale und Unzulänglichkeiten. Zwar blieb unbestritten, dass die EBI ein nützliches Mittel zur Beeinflussung des EU-Agenda-Settings sei, jedoch wurde die erschwerte

Zugänglichkeit und rechtliche Unverbindlichkeit stark kritisiert (vgl. Quittkat 2012: S. 69/Szeligowska; Mincheva 2012: S. 279).

Darüber hinaus wurde bezweifelt, dass die Europäische Bürgerinitiative tatsächlich die politischen Teilhabechancen „einfacher" UnionsbürgerInnen erhöht. Vielmehr könnten aufgrund der hohen bürokratischen, organisatorischen und finanziellen Hürden lediglich jene zivilgesellschaftlichen Akteure eine Kampagne starten, welche bereits auf europäischer Ebene organisiert und gut in den EU-Mitgliedstaaten vernetzt sind (vgl. Quittkat 2012: S. 78/Monaghan 2012: S. 294). Wie dieses Werk zeigen wird, haben sich derartige Einwände am Fallbeispiel von „right2water" weitgehend bewahrheitet.

Nach Einführung der EBI fand bisher noch keine vergleichende Analyse aller den BürgerInnen auf EU-Ebene zur Verfügung stehenden Partizipationskanäle statt. Es ergibt sich also eine empirische Forschungslücke bezüglich der potentiell erhöhten Teilhabechancen von BürgerInnen durch die Existenz der Europäischen Bürgerinitiative. Dieses Buch ist als Versuch zu sehen, diese Lücke anhand des Fallbeispiels von „right2water" zu schließen.

Auf Basis der eben erläuterten Relevanz der Thematik der Europäischen Bürgerinitiative und des spezifischen Erkenntnisinteresses, dieses Instrument am Fallbeispiel von „right2water" zu untersuchen, ergeben sich die zwei folgenden Forschungsfragen.

4. Forschungsleitende Fragestellungen

- Welche Neuerungen bringt die Europäische Bürgerinitiative bei der politischen Partizipation von BürgerInnen auf europäischer Ebene?
- Wie erfolgreich wird dieses Teilhabepotential bei „right2water" genützt und wie zufrieden sind die InitiatorInnen?

5. Methodik

Zur Beantwortung der beiden Forschungsfragen dieser Masterarbeit wird ein qualitativer methodischer Zugang gewählt. Schließlich wurde die Thematik der Europäischen Bürgerinitiative bisher nur unzureichend anhand von Fallbeispielen analysiert. Insbesondere für „right2water", das erste Exemplar einer formal erfolgreichen EBI, fehlt bis dato noch eine tiefgreifende qualitative Analyse. Dadurch sollen neue Erkenntnisse zur BürgerInnenbeteiligung auf EU-Ebene mithilfe des Instruments der EBI gewonnen werden. Bezüglich der ersten Forschungsfrage zu den durch dieses Instrument herbeigeführten Veränderungen der politischen Partizipation von BürgerInnen wird eine umfassende Analyse von Primärquellen notwendig sein.

Zu diesen Primärquellen zählen vor allem offizielle EU-Dokumente legislativer Natur wie der Vertrag von Lissabon sowie nicht-legislativer Natur wie Weißbücher und Mitteilungen der Europäischen Kommission bzw. Presseaussendungen und die offiziellen Internetseiten von EU-Behörden. Dadurch soll zum einen geklärt werden, welche Beteiligungsmöglichkeiten BürgerInnen auf europäischer Ebene abseits der Europäischen Bürgerinitiative offen stehen. Die darauf folgende vergleichende Analyse aller Teilhabekanäle soll zweitens das politisch-rechtliche Potential der EBI zutage bringen.

Zur Beantwortung der zweiten forschungsleitenden Fragestellung wurden Interviews mit drei zentralen Akteuren von „right2water" bzw. einer weiteren Expertin im Bereich der Europäischen Bürgerinitiative geführt. Durch den direkten Kontakt mit den InitiatorInnen war am besten zu erforschen, inwiefern die potentiell erhöhten Teilhabechancen durch die EBI bei „right2water" tatsächlich genützt werden konnten.

Als ExpertInnen wurden dabei Personen klassifiziert, welche direkt an der Organisation und Durchführung dieser EBI beteiligt waren bzw. aufgrund ihres beruflichen Schwerpunkts grundsätzliches Fachwissen zur Europäischen Bürgerinitiative haben. Die Gespräche mit ihnen sollten zweierlei Aufgaben erfüllen: Zum einen ging es um das Einholen des Fachwissens von Personen, von denen aufgrund ihrer zentralen Position im untersuchten Feld die Preisgabe spezifischer Hintergrundinformationen erwartet wurde. Zum anderen bringen diese Personen aufgrund ihrer Tätigkeitsbereiche nicht nur Expertise ein. Vielmehr hilft ihre Positionierung im sozialen Feld des Untersuchungsgegenstandes Einblicke hinsichtlich der Verhältnisse und Prozesse bei der Initiierung von „right2water" zu bekommen und diese EBI dadurch besser analysieren und verstehen zu können (vgl. Gläser; Laudel 2009: S. 138–139).

Unter den befragten zentralen Akteuren von „right2water" waren ausschließlich männliche Interviewpartner, was schlichtweg dem Umstand geschuldet war, dass die hauptsächliche Koordinierungsarbeit auf europäischer Ebene von den beiden befragten Männern vorgenommen wurde. In Bezug auf Österreich ergab sich das gleiche Bild. Der interviewte männliche Experte war hauptverantwortlich für die österreichische Kampagnenkoordinierung.

Alle Interviews orientierten sich an einem halbstandardisierten Leitfaden, dessen unterschiedliche und je nach dem speziellen Feld der jeweiligen Interviewpartner leicht veränderte Versionen sich im Anhang befinden. Die Gespräche wurden digital aufgenommen und anschließend vollständig transkribiert. Im Anschluss wurden induktiv Codes zur Klassifizierung der Gesprächsinhalte erarbeitet, mithilfe derer die Beantwortung der forschungsleitenden Fragestellungen ermöglicht werden soll.

Der gewählte methodische Ansatz zur Beantwortung der zweiten Forschungsfrage wird mit einer umfassenden Analyse von Primär- und Sekundärquellen wie offiziellen Presseaussendungen von „right2water" über ihre Kampagnen-Homepage www.right2water.eu bzw. offiziellen Stellungnahmen der Europäischen Kommission und VertreterInnen des Europäischen Parlaments in dieser Causa ergänzt.

Dazu zählt auch die am 17. Februar 2014 abgehaltene öffentliche Anhörung der InitiatorInnen vor der Kommission im Europäischen Parlament. Vertreten wurde die Kommission in erster Linie von Maroš Šefčovič, der in der vergangenen Legislaturperiode (2009 bis 2014) als Kommissar für interinstitutionelle Beziehungen und Verwaltung für die Europäische Bürgerinitiative zuständig war. Der audiovisuelle Mitschnitt dieser Anhörung wurde als Primärquelle berücksichtigt.

Die Generaldirektion Umwelt der Europäischen Kommission hat am 23. Juni 2014 als Antwort auf die EBI „right2water" eine öffentliche Konsultation bezüglich der Trinkwasserqualität in der Europäischen Union gestartet (vgl. Europäische Kommission 2014e). Im Zeitraum vom 23. Juni 2014 bis 23. September 2014 konnten BürgerInnen online daran teilnehmen. Zum Zeitpunkt des Verfassens dieses Buches ist noch nicht absehbar, bis wann die Kommission die Auswertung dieser Konsultation abschließt und etwaige Folgemaßnahmen veröffentlichen wird. Insofern werden die offiziellen Dokumente zu dieser Konsultation und ihren Auswirkungen nicht explizit Teil der berücksichtigten Primärquellen sein.

6. Theorie

6.1 Begriffsklärungen

In den folgenden Kapiteln werden zentrale Begriffe des vorliegenden Werks diskutiert und darauf aufbauend eine Definition der selbigen durchgeführt werden. Diese Begriffsdefinitionen erheben keinen Anspruch auf Vollständigkeit oder universelle Gültigkeit, sondern sollen vielmehr als notwendige Annäherung an den abgehandelten politikwissenschaftlichen Forschungsgegenstand gesehen werden und eine adäquate Bearbeitung des selbigen im Rahmen dieser Arbeit möglich machen.

6.1.1 BürgerInnen

Ein zentraler Begriff für diesen Forschungsgegenstand ist jener des „Bürgers“ bzw. der „Bürgerin“. Deshalb muss zum besseren Verständnis der unterschiedlichen Partizipationskanäle auf EU-Ebene geklärt werden, wer überhaupt als „BürgerIn“ gilt.

Die Analyse der Zugänglichkeit von Teilhabeinstrumenten kann mithilfe einer rechtlichen Definition begonnen werden. Prinzipiell wird die Zugehörigkeit von natürlichen Personen zu einem Nationalstaat in Form der StaatsbürgerInnenschaft festgelegt. „BürgerInnen“ werden so mit „StaatsbürgerInnen“ gleichgesetzt. Mit diesem Status gehen eine Reihe an Rechten sowie Pflichten einher. Ein besonders bedeutendes Recht ist beispielsweise jenes, aktiv und passiv an Wahlen zu repräsentativen politischen Organen des jeweils eigenen Nationalstaats teilzunehmen. In manchen EU-Mitgliedstaaten ist diese Möglichkeit aber gleichzeitig eine staatsbürgerliche Pflicht. Eine derartige Wahlpflicht existiert derzeit in der EU noch in Belgien, Griechenland, Luxemburg und Zypern.[8]

Die Europäische Union selbst hat nicht die Kompetenz, StaatsbürgerInnenschaften zu verleihen. Eine StaatsbürgerInnenschaft der EU existiert als solche nicht. Mit Inkrafttreten des Vertrags von Lissabon am

---

8) Europäische Union (2014b): Ihr Europa. Wahlen im Ausland. Wahlen zum Europäischen Parlament. Zuletzt aktualisiert am 6. Oktober 2014. Online verfügbar unter: http://europa.eu/youreurope/citizens/residence/elections-abroad/ep-elections/index_de.htm; abgerufen am 6. Oktober 2014.

1. Dezember 2009 wurde aber mit der „Unionsbürgerschaft" ein weltweit einzigartiges Modell eingeführt.

> *„Die Union achtet in ihrem gesamten Handeln den Grundsatz der Gleichheit ihrer Bürgerinnen und Bürger, denen ein gleiches Maß an Aufmerksamkeit seitens der Organe, Einrichtungen und sonstigen Stellen der Union zuteil wird. Unionsbürger ist, wer die Staatsangehörigkeit eines Mitgliedstaats besitzt. Die Unionsbürgerschaft tritt zur nationalen Staatsbürgerschaft hinzu, ersetzt sie aber nicht."* (Europäische Union 2012a: Art. 9)

Wie Artikel 9 des Vertrags über die Europäische Union eindeutig besagt, ist die UnionsbürgerInnenschaft kein Ersatz zur nationalen Staatsangehörigkeit. Sie soll also weder unabhängig von den nationalen StaatsbürgerInnenschaften vergeben werden, noch diese ersetzen. Vielmehr ist der Besitz einer StaatsbürgerInnenschaft eines der derzeit 28 EU-Mitgliedsländer die unabdingbare Voraussetzung dafür (vgl. Europäische Union 2012b: Art. 20). Der automatische Erwerb der UnionsbürgerInnenschaft bei Besitz einer StaatsbürgerInnenschaft eines EU-Mitgliedslandes ist dementsprechend auch kein Fall einer doppelten StaatsbürgerInnenschaft, sondern eher als BürgerInnenschaft zweiter Ordnung zu verstehen.

Prinzipiell wird dadurch den für BürgerInnen der EU-Mitgliedstaaten ohnehin schon bestehenden Rechten auf europäischer Ebene ein einheitlicher Rahmen gegeben. Darüber hinaus folgen weitere politische Rechte für BürgerInnen aus den EU-28, welche insbesondere die Möglichkeiten der politischen Partizipation auf europäischer Ebene betreffen. So haben UnionsbürgerInnen das Recht,

> *„in dem Mitgliedstaat, in dem sie ihren Wohnsitz haben, das aktive und passive Wahlrecht bei den Wahlen zum Europäischen Parlament und bei den Kommunalwahlen [auszuüben], wobei für sie dieselben Bedingungen gelten wie für die Angehörigen des betreffenden Mitgliedstaats."* (Europäische Union 2012b: Art. 20 (2)b)

Außerdem bringt die im Vertrag von Lissabon festgeschriebene UnionsbürgerInnenschaft noch weitere politische Rechte mit sich. Zum einen können UnionsbürgerInnen eine Petition an das Europäische Parlament richten, zum anderen den oder die Europäische/n Bürgerbeauftragte/n anrufen. Drittens wurde auch das Recht verankert, „sich in einer der Sprachen der Verträge an die Organe und die beratenden Einrichtungen der Union zu wenden und eine Antwort in derselben Sprache zu erhalten“ (Europäische Union 2012b: Art. 20 (2)d). Viertens besteht das prinzipielle Recht für UnionsbürgerInnen auf Zugang zu den Dokumenten der EU-Institutionen. Die genauere Definition der Bedingungen und Ausnahmen wird in diesem Zusammenhang vom Rat der EU und dem Europäischen Parlament im ordentlichen Gesetzgebungsverfahren via Verordnungen festgelegt (vgl. ebda.: Art. 15).

Die Initiierung einer Europäischen Bürgerinitiative ist ebenso wie deren Unterzeichnung an die UnionsbürgerInnenschaft gebunden (vgl. Europäische Union 2011a: Art. 3). Die Unterschiede in den EU-Mitgliedsländern bezüglich der jeweiligen Bestimmungen zum Erwerb der nationalen StaatsbürgerInnenschaft sorgen also auch für unterschiedliche Voraussetzungen für Drittstaatsangehörige bzw. Staatenlose zur Inanspruchnahme von EU-Teilhabekanälen wie der EBI. Anders formuliert: Wollen Drittstaatsangehörige oder Staatenlose möglichst rasch alle Möglichkeiten der politischen Partizipation auf europäischer Ebene bekommen, so macht es einen Unterschied, in welchem Mitgliedsland sie um die nationale StaatsbürgerInnenschaft ansuchen.

Im Rahmen eines späteren Kapitels dieser Masterarbeit wird das derzeitige Modell der EBI genau dargelegt werden. In diesem Zusammenhang werden auch alle weiteren Kanäle der politischen Partizipation von BürgerInnen in der EU analysiert, um die potentiellen Neuerungen durch die EBI herauszuarbeiten. Diese vergleichende Analyse wird auch die Frage berücksichtigen, welcher Konzeption von „BürgerIn“ sich das jeweilige Instrument bedient und welche Bevölkerungsteile damit ausgeschlossen werden.

Im Wesentlichen bedeutet dies also, dass es zu untersuchen gilt, welche Partizipationskanäle nur UnionsbürgerInnen offenstehen bzw. wann auch Drittstaatsangehörige partizipieren können. Diese werden negativ definiert und sind folglich jene Personen, die keine StaatsbürgerInnenschaft eines EU-Mitgliedslandes und damit auch nicht die UnionsbürgerInnenschaft besitzen (vgl. Richtlinie 2001/40/EG: Art. 2 (a)). Darüber hinaus gibt es auch so genannte „Staatenlose“, welche „kein Staat auf Grund seines Rechtes als Staatsangehörige ansieht“ (Vereinte Nationen 1954: Art. 1 (1)). UnionsbürgerInnen, Drittstaatsangehörige und Staatenlose formen insgesamt die Summe aller innerhalb der EU lebenden Personen, welche fortan in dieser Arbeit schlichtweg als „BürgerInnen“ bezeichnet werden.

6.1.2 EU-Policy-Prozess und EU-Mehrebenensystem

Der Begriff „Policy“ ist als Synonym für politische Inhalte oder politische Programme zu verstehen und befindet sich in einem Dreiecksverhältnis zum institutionellen Gefüge (= „Polity“) und den politischen Prozessen (= „Politics“), welche gemeinsam die drei Dimension von Politik ergeben (vgl. Schubert; Bandelow 2009: S. 4–5). Das Zusammenspiel dieser drei Politikbegriffe Policy, Polity und Politics wird auch als politikwissenschaftliche Trias bezeichnet (vgl. Lauth et al. 2014: S. 18).

„Policies können zum Beispiel Gesetze, Verordnungen, Entscheidungen, Programme und Maßnahmen sein (…)“ (Schubert; Bandelow 2009: S. 4). Die Politics-Ebene umfasst wiederum den Prozess der Politikgestaltung, im Rahmen dessen unterschiedliche Akteure ihre Interessen durchzusetzen versuchen. Der dritte Begriff der Polity-Ebene betrifft die formale Dimension von Politik. Damit ist in erster Linie die institutionelle Ordnung eines politischen Systems gemeint, wie beispielsweise die Bundesverfassung oder die drei getrennten Gewalten Legislative, Exekutive und Judikatur der Republik Österreich (vgl. Schubert; Bandelow 2009: S. 4). Unter „politisches System“ wird

> *„die Gesamtheit jener staatlichen und außerstaatlichen Einrichtungen und Akteure, Regeln und Verfahren [verstanden], die innerhalb eines (…) zunehmend supranational verflochtenen abgegrenzten Handlungsrahmens an fortlaufenden Prozessen der Formulierung und Lösung politischer Probleme sowie der allgemein verbindlichen Durchsetzung politischer Entscheidungen beteiligt sind“.* (Holtmann 2000: S. 546–547)

In einem politischen System werden die drei Dimensionen von Politik vereint, wobei die Ausgestaltung der inhaltlichen Ebene dementsprechend als Prozess begriffen wird, der im Kontext institutioneller Rahmenbedingungen vonstatten geht. Dieser „Policy-Prozess“ manifestiert sich in der Regel in einer zyklischen Abfolge verschiedener Phasen der Politikgestaltung (vgl. Jann; Wegrich 2009: S. 75). Verschiedene Konzeptionen des Policy-Prozesses machen eine abweichende Anzahl von zu unterscheidenden Phasen aus. So existieren nach Patzelt beispielsweise

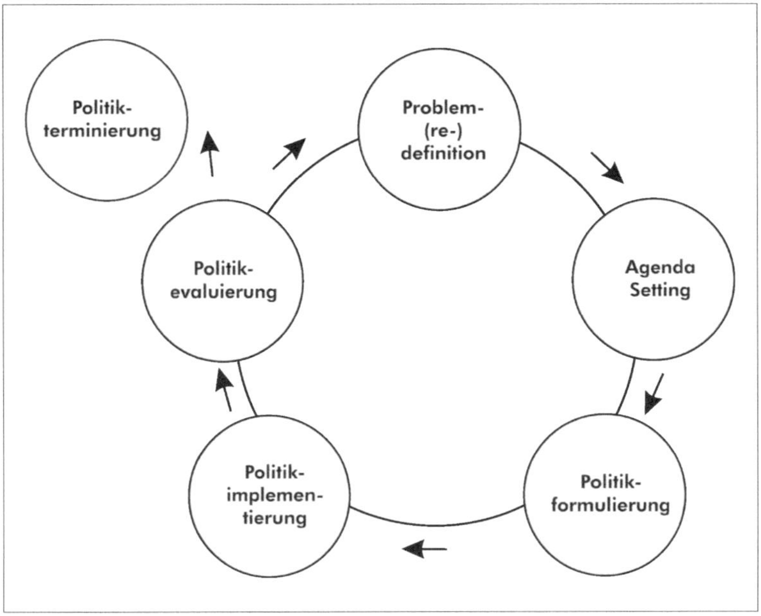

Abbildung 2: Der idealtypische Policy-Cycle nach Jann und Wegrich (Quelle: Jann; Wegrich 2009: S. 86)

lediglich drei prozedurale Etappen der Politikgestaltung: Willensbildung, Entscheidungsfindung und Implementierung (vgl. Patzelt 2003: S. 29).

In der politikwissenschaftlichen Literatur gibt es eine Vielzahl an unterschiedlichen Vorstellungen zum Policy-Prozesses (vgl. Jann; Wegrich 2009: S. 77, Abb. 1). So haben unter anderem Jann und Wegrich ein idealtypisches Modell eines Policy-Zyklus mit sechs verschiedenen Etappen erstellt (vgl. Jann; Wegrich 2009: S. 82, Abb. 5). Beginnend mit der Definition eines zu behandelnden politischen Problems folgt die Phase der Themensetzung, wo die Lösung dieses spezifischen Problems als Ziel ausgegeben wird. Danach werden im Politikformulierungsprozess unterschiedliche Vorschläge ausgearbeitet, diskutiert und beschlossen. Im Anschluss werden die jeweiligen politischen Programme umgesetzt und in weiterer Folge in der Regel einer Evaluierung unterzogen (vgl. Jann; Wegrich 2009: S. 82, Abb. 5/Schneider; Janning 2006: S. 49–50).

Nach Analyse der Auswirkungen von eingeführten Policies kann geklärt werden, ob die Maßnahmen wirklich zielführend waren. Sollte dem nicht so sein, kann der Policy-Zyklus von neuem beginnen. Es kann aber je nach Ergebnis der Evaluierungen auch eine finale Phase der Beendigung politischer Programme geben (vgl. Schneider; Janning 2006: S. 49—50).

Das mithilfe der vorne (S. 25) aufscheinenden Graphik dargestellte zyklische Verständnis von Policy-Prozessen ist aber nicht dahingehend zu verstehen, dass es sich um eine strikte Abfolge der eben erläuterten Etappen handelt. Vielmehr können die unterschiedlichen Phasen ineinander übergehen und Brüche oder Diskontinuitäten aufweisen (vgl. Jann; Wegrich 2009: S. 85). So kann es beispielsweise auch dazu kommen, dass bestimmte noch nicht abgeschlossene Policies im Prozess ihrer Bearbeitung die Entwicklung anderer, neuer Programme mit sich ziehen. Selbst die Definition der Terminierung eines politischen Programms kann in der Regel aus ideologischen und nicht klar objektivierbaren Gründen geschehen. Damit ist zum Beispiel gemeint, wenn im Vorfeld von Parlamentswahlen Regierungsparteien diverse Policies aus wahlkampftaktischen Überlegungen als abgeschlossen erklären (vgl. Jann; Wegrich 2009: S. 100).

Vor allem hinsichtlich der im Rahmen dieser Arbeit diskutierten Forschungsfragen ist ein entscheidender Punkt, wie BürgerInnen sich im Policy-Zyklus der EU einbringen können. Wenn also von Möglichkeiten der EU-BürgerInnenbeteiligung gesprochen wird, ist die Analyse der BürgerInnen zur Verfügung stehenden Instrumente zur Einflussnahme im Policy-Prozess auf europäischer Ebene gemeint, welche wiederum die oberste Regierungsebene im Mehrebenensystem der Europäischen Union ist (vgl. Kohler-Koch et al. 2004).

> *„Die einzelnen Politikphasen im europäischen Mehrebenensystem können nur in analytischer Hinsicht als getrennt voneinander verstanden werden. In der Praxis ist – aufgrund der permanent stattfindenden Interaktion unterschiedlicher staatlicher, supranationaler und nicht staatlicher Akteure auf sämtlichen Handlungsebenen – eine scharfe Trennung der einzelnen Phasen des Policy Cycle kaum möglich.“* (Pollak; Slominski 2012: S. 127)

Die Definition des Mehrebenensystems kann aus zwei verschiedenen Perspektiven geschehen. Zum einen zeigt sich dieses System prinzipiell durch die Existenz von drei bzw. vier Verwaltungsdimensionen, die jeweils unterschiedliche territoriale Gebiete organisieren: Europäische Union, Nationalstaat, regionale bzw. lokale Ebene (vgl. Kohler-Koch et al.: S. 170). Zum anderen hat unter anderem Kohler-Koch aufgezeigt, dass diese auf einem rechtlichen Verständnis basierende Konzeption des Mehrebenensystems die Wirkmächtigkeit des selbigen nicht ausreichend erklären kann. Schließlich greifen die Ebenen ineinander über, was sich beispielsweise dahingehend ausdrückt, dass unter anderem die Willensbildung bei EU-Gesetzgebungsverfahren auch auf nationaler und subnationaler (regionaler und lokaler) Stufe stattfinden kann (vgl. ebda./Pollak; Slominski 2012: S. 65).

Diese zweite Definitionsmöglichkeit des Mehrebenensystems, deren Kerngedanke das Zusammenspiel überlappender Handlungssysteme ist, erscheint für diese Masterarbeit als besonders wertvoll. Denn selbst auf nationaler Ebene rechtlich verankerte Teilhabekanäle, wie beispielsweise die Wahlen zum österreichischen Nationalrat, sind de facto Chancen für BürgerInnen, den EU-Policy-Prozess zu beeinflussen. Schließlich wird die nationale Exekutive im Rat der EU zur Legislative.

Politische Partizipation auf europäischer Ebene ist also im Kontext des Forschungsinteresses dieser Arbeit gleichbedeutend mit der Einbindung von BürgerInnen in den EU-Policy-Prozess. Einbindung in inhaltlichen Fragen hat sich bisher im Wesentlichen im Bereich der Themensetzung, bei Mitspracherechten in Entscheidungsfindungsprozessen (= Politikformulierung) oder Beschwerdemöglichkeiten manifestiert (vgl. Nentwich 1996: Table II).

6.2 „Political opportunity structure" (POS) der EU

Bei der theoretischen Einbettung des Forschungsgegenstandes werden die Begriffe „political opportunity structure“ (POS) und „opportunity structures for citizens’ participation“ (OSCPs) herangezogen (vgl. Nentwich 1996). Nentwich versucht damit eine vergleichende Analyse unterschiedlicher Partizipationskanäle von BürgerInnen im politischen System der Europäischen Union anhand bestimmter Parameter zu erarbeiten (vgl. ebda.: S. 1).

Beide Begriffe scheinen in der Theorie nur in englischer Sprache auf. Im Rahmen dieser Arbeit wird für OSCP auch die deutsche Version „Opportunitätsstrukturen für BürgerInnenbeteiligung“ verwendet, während „political opportunity structure" mit „politische Opportunitätsstruktur" übersetzt wird. Politische Partizipation auf europäischer Ebene ist im Kontext des Forschungsinteresses dieser Arbeit gleichbedeutend mit der Einbindung von BürgerInnen in den EU-Policy-Prozess (vgl. Jann; Wegrich 2009).

Auf einer übergeordneten Analyseebene wird mit „political opportunity structure" (POS) ein Begriff ins Treffen geführt, der auf Basis der konkret vorhandenen Teilhabekanäle ein besseres Verständnis über die Möglichkeiten der BürgerInnenbeteiligung in einem politischen System schaffen soll. In anderen Worten bedeutet dies, dass das POS-Konzept auf einer aggregierten Ebene Rückschlüsse bezüglich der allgemeinen Verfasstheit von BürgerInnenbeteiligungschancen auf EU-Ebene ermöglicht, während OSCP die unterschiedlichen konkreten Partizipationskanäle anhand bestimmter Kriterien vergleichend analysiert.

Die Theorie der POS wurde in den 1960er und 1970er Jahren im Zusammenhang mit der Erforschung von Ursachen kollektiven Handelns und sozialer Bewegungen entwickelt (vgl. Tarrow 1989: S. 32/1995: S. 29/Kitschelt 1986/Kriesi et al. 1992). Eisinger definiert POS wie folgt: „(...) political opportunity structure (...) which I have conceived as a function of the degree to which groups are likely to be able to gain access to power and to manipulate the political system" (Eisinger 1973: S. 25). Übersetzt ist die politische Opportunitätsstruktur also aus Eisingers Perspektive ein Ansatz, um das allgemeine Partizipationspotential von BürgerInnen in einem politischen System begrifflich fassen zu können.

Herbert Kitschelt analysierte den politischen Protest sozialer Bewegungen und verglich dabei Anti-Atombewegungen in Europa und den USA. Kitschelt begriff POS als spezifisches Zusammenspiel von Ressourcen, institutionellen Rahmenbedingungen und historischen Voraussetzungen für soziale Mobilisierung, welche die Entwicklung von Protestbewegungen in manchen Fällen vorantreibt und in anderen Fällen hemmt (vgl. Kitschelt 1986: S. 58).

Kitschelt unterscheidet beim Begriff „political opportunity structure" drei Kernaspekte (vgl. Kitschelt 1986: S. 61–62). Erstens ist die jeweils ausgeprägte POS von (im)materiellen Ressourcen abhängig, welche konkrete Beteiligungschancen von BürgerInnen in einem politischen System mitbestimmen. Kitschelt hat dabei sowohl jene finanzieller Natur als auch wissensbezogene Ressourcen im Auge. Damit sind vor allem die Einhaltung zentraler sozialer Normen, wie beispielsweise die Bedeutung gewaltfreier politischer Teilhabe in Europa, sowie ausreichende Kenntnisse über das behandelte politische Problem gemeint (vgl. Kitschelt 1986: S. 61). Zweitens sind institutionelle Regeln, mithilfe derer beispielsweise das Zusammenspiel von Regierung und Interessensgruppen oder auch der Ablauf von Wahlen reguliert werden, Teil der politischen Opportunitätsstruktur (vgl. ebda.: S. 61). Dadurch wird der Zugang von BürgerInnen zu politischen Entscheidungsfindungsprozessen maßgeblich geregelt (vgl. Eisinger 1973: S. 18).

Drittens ortet Kitschelt einen Zusammenhang bzw. eine Wechselwirkung zwischen unterschiedlichen Versuchen von BürgerInnen, am politischen Geschehen teilzunehmen. Wenn nämlich aktuelle Beispielfälle erfolgreicher Einflussnahme vorhanden sind, können diese gewissermaßen argumentativ und auch als Motivationsgrundlage für weitere Bestrebungen von BürgerInnen, politisch zu partizipieren, herangezogen werden (vgl. Kitschelt 1986: S. 62). An diesem dritten Charakteristikum des POS-Begriffs von Kitschelt wird schon deutlich, dass das Einführen einer untergeordneten Ebene zur Erklärung bestimmter historischer Zeitfenster für bessere politische Teilhabechancen von BürgerInnen oder einzelne Partizipationskanäle vonnöten ist. Schließlich bestehen die jeweiligen Ressourcen und institutionellen Gegebenheiten einer POS über einen bestimmten Zeitraum hinweg, was die grundsätzliche politische Opportunitätsstruktur eines politischen Systems im Unterschied zu temporären offenstehenden Teilhabeperspektiven oder dem Aufkommen und Verschwinden von sozialen Bewegungen auszeichnet (vgl. Nentwich 1996: S. 1).

Ein zentrales Element beim POS-Konzept ist also der Grad der Offenheit von Beteiligungschancen (vgl. Kitschelt 1986: S. 62/Tarrow 1989: S. 35/Eisinger 1973: S. 12).

> „*Where formal or informal power seems to be concentrated and where government is not responsive, the opportunities for people to get what they want or need through political action are limited. The opportunity structure is relatively closed.*" (Eisinger 1973: S. 12)

Damit ist beispielswiese das Ausmaß der Empfänglichkeit der (gewählten) politischen Institutionen für BürgerInneninteressen gemeint, sowie die Dominanz exklusiver oder inklusiver Einbindungsstrategien der selbigen gegenüber der Bevölkerung (vgl. Eisinger 1973: S. 12/Kriesi et al. 1992: S. 222–223). Die angesprochene Offen- bzw. Geschlossenheit eines politischen Systems für BürgerInnenanliegen bezieht sich dabei sowohl auf die Input-Seite, wie auch auf Output-Seite des Policy-Prozesses (vgl. Kitschelt 1986: S. 62–63). Während erstere die Themensetzung, Mitspracherechte oder konkrete Abstimmungen (z. B.: Referendum) einschließt, ist mit Output-Seite die Implementierung politischer Inhalte gemeint. Bestimmte politische Forderungen können so auf zweierlei Arten Legitimität erhalten: Zum einen auf direktem Weg durch konkrete Mitbestimmungsrechte breiter Teile der Bevölkerung und zum anderen rückwirkend durch die Qualität umgesetzter Inhalte (= Policies) (vgl. Pollak; Slominski 2012: S. 184).

All diese Ansätze fokussieren auf eine nationalstaatliche Konzeption der politischen Opportunitätsstruktur. Das liegt vor allem daran, dass zum Zeitpunkt ihrer Entstehung die europäische Integration bzw. die Internationalisierung der Staaten in Europa noch nicht so stark fortgeschritten war. Tarrow versucht, diese nationalstaatlichen Ansätze um eine europäische Perspektive zu erweitern (vgl. Tarrow 1995). Dabei war aus seiner Sicht die fortdauernde Stabilität des institutionellen Gefüges der Europäischen Union entscheidend für das Aufkommen einer transnationalen politischen Opportunitätsstruktur.

6.3 „Opportunity structures for citizen's participation" (OSCP) in der EU

„Political opportunity structure“ (POS) wird bewusst in der singulären Form (= politische Opportunitätsstruktur) verwendet, da sich dieser Begriff auf den allgemeinen Zustand politischer Partizipationschancen in einem bestimmten politischen System bezieht (vgl. Nentwich 1996: S. 1).

Jedoch kann der POS-Begriff aufgrund seines aggregierten Blickwinkels auf den „Ist-Zustand“ der BürgerInnenbeteiligung (in der EU) keine feinen Unterschiede zwischen dem Potential der jeweils vorhandenen Instrumente ausmachen. So sind in unterschiedlichen Bereichen eines politischen Systems durchaus verschiedene strukturelle Bedingungen von und für Partizipationschancen gegeben. Um diese Variationen zu berücksichtigen, wurde vereinzelt auch von einer Struktur gesprochen, die aber unterschiedliche politische Opportunitäten bestimmt (vgl. Eisinger 1973: S. 12/Tarrow 1995: S. 231). Dieser Ansatz hat mit POS die Vorstellung gemeinsam, dass alle in einer POS vorhandenen Teilhabekanäle prinzipiell eine einzige Grundstruktur aufweisen (vgl. Nentwich 1996: S. 1/Tarrow 1995).

Das OSCP-Konzept wiederum geht gewissermaßen eine Analyseebene tiefer und macht eine Vielzahl an Strukturen (= einzelnen Instrumenten) der politischen Partizipation von BürgerInnen im politischen System der EU aus, die vergleichend in einem Klassifikationsschema herausgearbeitet werden. „The single structures of participation will be called ‚opportunity structures for citizens participation' (OSCP), the aggregated level will be called ‚political opportunity structure'"(POS) (Nentwich 1996: S. 2).

Durch die Pluralisierung von „Struktur" zu „Strukturen" wird der Variation an Beteiligungspotentialen in verschiedenen politischen Bereichen Rechnung getragen (vgl. ebda.: S. 1). Es geht also darum, durch die vergleichende Analyse konkreter Einflusskanäle, welche als eigene „Struktur" gelten, überhaupt erst adäquate Rückschlüsse auf die allgemeine politische Opportunitätsstruktur eines politischen Systems zu gewinnen.

Diese Opportunitätsstrukturen für BürgerInnenbeteiligung (OSCP) umfassen die gesamte Bandbreite an Instrumenten zur Teilhabe von BürgerInnen am EU-Policy-Prozess (vgl. Nentwich 1996: S. 2). Zwar stammt diese Begriffsarbeit aus dem Jahre 1996 und berücksichtigt damit natürlich nicht die Vertragsrevisionen von Amsterdam, Nizza und Lissabon, jedoch kann die grundsätzliche Herangehensweise zur Klassifizierung verschiedener Kanäle der politischen Teilhabe auf EU-Ebene dennoch verwendet werden, um die Europäische Bürgerinitiative theoretisch zu verorten.

Denn die sieben Dimensionen von OSCPs eignen sich zu einer vergleichenden Analyse der Eigenschaften, Funktionen und Auswirkungen konkreter Partizipationsinstrumente. Sie berücksichtigen sowohl politische als auch rechtliche Fragen. Nentwich definiert, hauptsächlich mithilfe von Gegensatzpaaren, die folgenden Kategorien, anhand derer er die damals existierenden Möglichkeiten der BürgerInnenbeteiligung in der EU schematisch in einem Raster darstellt (vgl. ebda.: S. 2–4):

1) Institutionelle oder inhaltliche Orientierung (Polity- oder Policy-Orientierung)
2) Agenda-Setting, Mitspracherecht bei der Entscheidungsfindung oder Kontrollmechanismus
3) Direkte oder indirekte Einflussnahme
4) Aktive oder passive Beteiligung von BürgerInnen
5) Konventionelles oder unkonventionelles Instrument
6) Formeller oder informeller Kanal
7) Rechtlich bindende oder nicht-bindende Folgewirkungen

6.3.1 Institutionell vs. inhaltlich

Nentwich weist zuallererst darauf hin, dass es einerseits Instrumente zur Beeinflussung des institutionellen Gefüges der EU gibt (Polity-Ebene) und andererseits jene zur Einbindung in die Ausgestaltung konkreter inhaltlicher Fragen (Policy-Ebene) (vgl. Nentwich 1996: S. 2).

Während zu ersterem Bereich beispielsweise die Wahlen der politischen RepräsentantInnen auf europäischer und nationaler Ebene zählen, bezieht sich die zweite Dimension im Wesentlichen auf die inhaltliche Mitwirkung von BürgerInnen im Gesetzgebungsprozess. Policy-orientiert meint in diesem Zusammenhang, dass BürgerInnen mithilfe bestimmter Partizipationskanäle europapolitische Forderungen oder auch individuelle Beschwerden formulieren, mit den zuständigen EU-Institutionen diesbezüglich in Kontakt treten oder auch konkrete Entscheidungskompetenzen erlangen können.

6.3.2 Ziel der Aktivitäten

Eine weitere Dimension betrifft das jeweils mit der Inanspruchnahme eines Teilhabekanals verbundene Ziel der handelnden Akteure. Im Wesentlichen gibt es dabei laut Michael Nentwich drei Möglichkeiten: Zum einen kann mit einem Instrument versucht werden, die Themensetzung (Agenda-Setting) im politischen System der EU zu beeinflussen (vgl. Nentwich 1996: S. 2). BürgerInnen sollen so mitbestimmen, worüber auf europäischer Ebene diskutiert und was von den EU-Institutionen überhaupt als politische Probleme wahrgenommen wird.

Zum anderen kann ein Kanal zur Teilhabe an Entscheidungsfindungsprozessen verhelfen, wie beispielsweise durch ein Referendum. Damit muss aber nicht zwingenderweise die Erlangung eines konkreten

Stimmrechts in einer bestimmten politischen Debatte gemeint sein. Vielmehr ist laut Nentwich auch die Partizipation in Diskussionsprozessen im Vorfeld von Gesetzesinitiativen als Entscheidungsfindung zu klassifizieren (vgl. Nentwich 1996: S. 2/Table II). Somit kann diese zweite Kategorie beispielsweise auch als vielschichtiges „Mitspracherecht“ in der Politikformulierungsphase des Policy-Prozesses verstanden werden, nachdem eine politische Forderung bereits auf der Agenda der EU-Institutionen steht.

Drittens gibt es Beteiligungskanäle, wie die Anrufung des Verfassungsgerichtshofes, die eine Kontrollfunktion rechtlicher Rahmenbedingungen bezwecken (vgl. ebda.: S. 2). Diese dritte Kategorie betrifft Partizipationsinstrumente, welche BürgerInnen nützen können, um bei der Politikevaluierung die Umsetzung von Policies zu evaluieren und gegebenenfalls dagegen vorzugehen. Manche OSCPs können gleichzeitig auch zwei dieser Merkmale tragen. So steht es BürgerInnen zum Beispiel offen, die Petition an das Europäische Parlament dafür zu nutzen, die Themensetzung auf europäischer Ebene zu beeinflussen. Gleichzeitig können sie mit diesem Instrument auch auf vom Parlament beschlossene Policies reagieren, wodurch das Petitionsrecht eine Kontrollfunktion bekommt. Diese dreiteilige Kategorie kann aber nur auf eine inhaltliche Beeinflussung auf europäischer Ebene abzielen. Die Polity-Ebene wird dabei gänzlich ausgespart.

6.3.3 Direkt vs. indirekt

> *„We may say that indirect OSCPs need some form of mediator within the political system – generally a (group of) politician(s) – before the input can be translated into political action.“* (Nentwich 1996: S. 3)

Ein entscheidender Faktor zur qualitativen Unterscheidung der jeweils in einem politischen System vorhandenen Teilhabemittel für BürgerInnen betrifft die Frage, inwiefern sie unmittelbaren politischen Einfluss gewährleisten. Nentwich charakterisiert eine indirekte Einflussnahme dadurch, dass der durch BürgerInnen im Rahmen eines bestimmten Partizipationsinstruments geleistete Input nur vermittelt in den Policy-Prozess transferiert wird, während BürgerInneninteressen mittels anderer OSCPs direkte Auswirkungen auf das politische System der EU haben (vgl. ebda.: S. 3). Darunter würde beispielsweise auf nationalstaatlicher

Ebene eine verfassungsrechtlich bindende Abstimmung der Bevölkerung fallen. Als indirekte Einflussnahme kann im Gegensatz dazu die schwache Durchschlagskraft eines Volksbegehrens in Österreich betrachtet werden, dessen Inhalt nach formaler Zulässigkeit lediglich im Parlament auf der Tagesordnung zu stehen hat.

Die Unterscheidung in direkt und indirekt hilft insbesondere bei der Klassifizierung von Wahlen als Euro-OSCPs (vgl. Nentwich 1996: S. 3). Werden durch eine Abstimmung wie den Wahlen zum Europaparlament politische RepräsentantInnen unmittelbar von den Wahlberechtigten in ein Gremium bestellt, offenbart sich der direkte Charakter dieses Urnengangs. Dem gegenüber sind beispielsweise die Vorwahlen der amerikanischen PräsidentschaftskandidatInnen indirekter Natur, weil diese nur als innerparteiliche Selektionsmechanismen für die darauffolgenden Wahlen zum Amt des Staatsoberhauptes dienen.

6.3.4 Aktiv vs. passiv

> „*An OSCP is ‚active' if the main initiative comes from the citizens and ‚passive' if citizens are used as a source of information, or of support or rejection rather than being agents themselves.*" (Nentwich 1996: S. 3)

Manche Beteiligungskanäle bieten BürgerInnen die Chance, auf Eigeninitiative hin am europapolitischen Geschehen zu partizipieren. Sie können diese Instrumente jederzeit selbstständig in Anspruch nehmen, während passive Teilhabeformen BürgerInnen als Mittel zu einem bestimmten Zweck betrachten.

Dementsprechend ist die einfache Mitgliedschaft in Gewerkschaften oder NGOs, welche an Konsultationsprozessen der Europäischen Kommission teilnehmen, als passive Beteiligungsmöglichkeit einzustufen, insbesondere falls beispielsweise die Mitgliedschaft in der Praxis ausschließlich durch das regelmäßige Abführen des Mitgliedsbeitrags und die damit verbundene Sicherung der Finanzierung einer Organisation gekennzeichnet ist. Auf der anderen Seite ist die Wahrnehmung des Wahlrechts oder auch die Beteiligung an öffentlichen Online-Konsultationsverfahren der Kommission durch individuelle BürgerInnen als aktive Beteiligungsform zu charakterisieren. Selbst das passive Wahlrecht kann als aktive politische Partizipation gesehen werden, da UnionsbürgerInnen von sich aus die Entscheidung treffen, für ein Amt zu kandidieren.

6.3.5 Konventionell vs. unkonventionell

Nentwichs fünfte Analysekategorie steht in engem Bezug zum Gegensatzpaar „direkt – indirekt". Dabei sind unkonventionelle Beteiligungsformen eine Art Untergruppe von aktiven, aber ausschließlich indirekten Kanälen der politischen Partizipation. Damit sind unter anderem Streiks oder Kauf-Boykotts bestimmter Waren und Güter gemeint (vgl. Nentwich 1996: S. 4). Diese Teilhabeformen richten sich entweder gegen spezifische politische Inhalte (Policy-Orientierung) oder spiegeln eine oppositionelle Haltung gegenüber bestimmten Institutionen (Polity-Orientierung). Den Bereich der konventionellen Teilhabekanäle begreift Nentwich schlichtweg als Gegensatz zu den eben ausgeführten Charakteristika eines unkonventionellen Instruments (vgl. ebda.: S. 4).

Seine Definition des Begriffspaars konventionell-unkonventionell geht also in diesem Zusammenhang nicht besonders stark in die Tiefe. Die Einführung dieser fünften Dimension wird wenig ausführlich argumentiert und bleibt bei einer rein negativen Begründung. Vereinfacht gesagt sind im Wesentlichen alle nicht bindenden, informellen, aktiven, indirekten Beteiligungskanäle unkonventioneller Natur und konventionelle Strategien hingegen schlichtweg der Gegensatz dazu.

6.3.6 Formell vs. informell

Ein weiteres Unterscheidungsmerkmal betrifft grundsätzliche Rahmenbedingungen potentieller Beteiligungskanäle. Während BürgerInnen bei formalen Opportunitätsstrukturen ein Recht auf deren Inanspruchnahme haben, welches sogar gerichtlich eingefordert werden kann, sind informelle Kanäle durch ihre fehlende rechtliche Basis gekennzeichnet (vgl. Nentwich 1996: S. 4).

> *„The first are procedural rules and, thus, are rooted in the legal sphere (they are ‚verfaßt'). As a result they could be invoked in the courts (…). The ‚informal' OSCPs are only being practices without legal basis and therefore are not litigable."* (ebda. S. 4)

Insofern bezeichnet Nentwich informelle Teilhabeinstrumente ohne Rechtsanspruch auch als „secondary opportunities" (ebda.: S. 4). Die Differenzierung in formell und informell bedeutet also nicht, dass manchen Teilhabekanälen im Gegensatz zu anderen jegliche Formalisierung fehlt. Vielmehr geht es um die konkrete rechtliche Absicherung eines

Partizipationsinstruments. So sind etwa öffentliche Konsultationen der Kommission insofern sehr wohl formalisiert, als dass es beispielsweise eine Mitteilung vonseiten der Kommission gibt, wo sie ihre eigenen Standards für möglichst inklusive Konsultationsverfahren festlegt (vgl. Kommission der Europäischen Gemeinschaften 2002). Daraus lässt sich aber kein Rechtsanspruch für BürgerInnen auf die Einbindung in Konsultationen ableiten.

Nentwich konstatiert für Mitte der 1990er Jahre eine vergleichsweise starke Präsenz von informellen Kanälen der politischen Einflussnahme von BürgerInnen auf europäischer Ebene (vgl. Nentwich 1996: Table II). Vor allem mangelt es an formalen (=verfassten) Instrumenten, welche auf eine konkrete Beeinflussung der Policy-Ebene abzielen (vgl. ebda.).

6.3.7 Bindend vs. nicht-bindend

Das letzte Begriffspaar des Analyserahmens von Michael Nentwich betrifft eine Unterscheidung in bindende und nicht-bindende Auswirkungen eines Partizipationsmittels. Dieses Begriffspaar steht in engem Zusammenhang mit der Frage nach dem formellen oder informellen Charakter eines OSCP. Für Nentwich können informelle Kanäle niemals bindende Folgen haben, da ihnen schon allein die rechtliche Basis fehlt (vgl. Nentwich 1996: S. 4). Formelle Instrumente hingegen können entweder bindender und nicht-bindender Natur sein. Beispielhaft für ein nicht-bindendes Teilhabemittel führt Nentwich Referenden an, deren Abstimmungsergebnisse nicht immer direkt umgesetzt werden, wenngleich das Instrument selbst eine rechtliche Grundlage besitzt und somit als formell einzustufen ist.

6.3.8 Die achte Dimension: UnionsbürgerInnen, Drittstaatsangehörige und Staatenlose

Die bereits weiter oben diskutierte Frage der rechtlichen Implikationen der UnionsbürgerInnenschaft ist eine zentrale Neuerung, der auch im theoretischen Fundament zur Charakterisierung von Teilhabekanälen Rechnung getragen werden muss.

Nentwich hat keineswegs nur OSCPs analysiert, welche ausschließlich von StaatsbürgerInnen der EU-Mitgliedstaaten ausgeübt werden können, sondern beispielsweise auch das Engagement in Protestbewegungen, Briefe an die Kommission und den direkten Kontakt zu MEPs berücksichtigt (vgl. Nentwich 1996: Table II). Jedoch erwähnt er die Diskrepanz zwischen EU-BürgerInnen und Nicht-EU-BürgerInnen in seinen Ausführungen nicht explizit und berücksichtigt diese folglich auch nicht in seinem Klassifikationsschema. Am einfachen Beispiel der Wahlen zum Europäischen Parlament wird aber klar, dass manche Kanäle der politischen Partizipation nur UnionsbürgerInnen und nicht allen innerhalb der EU lebenden Personen offen stehen.

Insofern kann auf Basis von Nentwichs Theorieansatz zusätzlich zu den bestehenden sieben Dimensionen der OSCP eine achte Kategorie eingeführt werden, deren Begriffspaar die Differenz von UnionsbürgerInnen und Nicht-EU-BürgerInnen ist. Wenn sich also die bisherigen sieben Kategorien vor allem auf Ziel, Funktion und Auswirkungen eines Partizipationsinstruments fokussiert haben, dann bietet dieser neue Aspekt eine wichtige theoretische Einbettung der Frage, wie inklusiv ein Teilhabekanal tatsächlich ist.

Die Etablierung einer achten Dimension steht nicht im Widerspruch zu Nentwichs Theorieansatz, vielmehr soll sie eine ergänzende Wirkung auf sein umfassendes Klassifikationsschema haben.

Wie die Bezeichnung „opportunity structures for citizens' participation" schon unschwer erkennen lässt, befasst sich dieser Begriff mit dem konkreten politischen Potential unterschiedlicher Partizipationskanäle. Anders formuliert geht es grundsätzlich darum zu analysieren, mithilfe welcher Mittel BürgerInnen auf welche Art und Weise politischen Einfluss ausüben können. Die achte Dimension dient wiederum dazu, die Frage nach den handelnden Akteuren selbst zu beantworten, um dadurch eine vergleichende Analyse der verschiedenen Teilhabekanäle zu ermöglichen.

Natürlich könnte auch dieses Gegensatzpaar noch weiter aufgespalten werden. So steht beispielsweise bei den UnionsbürgerInnen nur jenem Teil die Unterzeichnung einer EBI offen, der auch laut nationalen Bestimmungen als wahlberechtigt gilt. Weitere untergeordnete Kategorien würden das Klassifikationsschema aber zu stark verkomplizieren und den Analyserahmen überdehnen. Insofern wird im weiteren Verlauf dieser Masterarbeit bei der Klassifizierung der Teilhabekanäle der Begriff „BürgerInnen" verwendet, wenn alle innerhalb der Grenzen der Europäischen Union lebenden Personen gemeint sein sollen. Im Gegensatz dazu bezieht sich „UnionsbürgerInnen" lediglich auf jene Personen, welche auch tatsächlich die StaatsbürgerInnenschaft eines EU-Mitgliedstaates und folglich die UnionsbürgerInnenschaft besitzen.

Diese Gegenüberstellung der politischen Begriffs von „BürgerInnen“ und der rechtlichen Definition von „UnionsbürgerInnen“ ist deshalb notwendig, da – wie später dargelegt wird – nicht alle Kanäle zur politischen Partizipation ausschließlich UnionsbürgerInnen offen stehen.

In manchen Fällen sind auch Personen ohne UnionsbürgerInnenschaft dazu berechtigt, bestimmte Mittel zur politischen Partizipation auf europäischer Ebene in Anspruch zu nehmen.

6.4 Euro-OSCPs im Überblick nach Michael Nentwich

Die Europäische Bürgerinitiative wird in weiterer Folge, wie auch alle anderen Teilhabeinstrumente, mithilfe dieser Kategorien als mögliche Opportunitätsstruktur für BürgerInnenbeteiligung klassifiziert und in eine erneuerte Tabelle eingefügt. Im Vorhinein muss natürlich erst einmal das aktuelle Modell der EBI erläutert werden. OSCP ist also ein Begriff, der es ermöglicht, alle Kanäle der politischen Einflussnahme für BürgerInnen in der EU hinsichtlich ihrer Funktionsweise, Zugänglichkeit und politischen sowie rechtlichen Bedeutungen zu charakterisieren. Aus diesen acht Analysekategorien entsteht ein Klassifizierungsschema für die unterschiedlichen Partizipationsmöglichkeiten von BürgerInnen auf europäischer Ebene. Durch diese Kategorisierung von Partizipationsmöglichkeiten anhand der Dimensionen von OSCPs kann in weiterer Folge das politisch-rechtliche Potential der Europäischen Bürgerinitiative im Vergleich zu anderen Instrumenten analysiert werden. Anhand der im Jahr 1996 zur Verfügung stehenden Teilhabemittel erstellte Nentwich folgendes Raster unterschiedlicher OSCP-Typen.

Tabelle I: Typen von OSCPs

<table>
<tr><th colspan="2" rowspan="2"></th><th colspan="3">Inhalt (Policy)</th><th>Institution (Polity)</th></tr>
<tr><th>Agenda-Setting</th><th>Entscheidungsfindung</th><th>Kontrollmechanismus</th><th></th></tr>
<tr><td colspan="5">Direkt</td><td>Wahlen zum EP*</td></tr>
<tr><td rowspan="2">Indirekt</td><td>Aktiv</td><td>Petitionen an das EP*

Direkter Kontakt zu MEPs**

Briefe an die Kommission**

Engagement in Interessensvertretungen und Parteien**

Engagement in Protestbewegungen**</td><td>Grün- und Weißbücher**

Anhörungen und Konferenzen von der Kommission*/**

Anhörungen im EP**</td><td>Anrufen des Europäischen Gerichtshofs (EuGH)*

Petitionen an das EP*

Anrufen des Ombudsmanns*

Direkter Kontakt zu MEPs**

Briefe an die Kommission**</td><td>Wahlen auf nationaler Ebene*</td></tr>
<tr><td>Passiv</td><td colspan="4">Umfragen/Meinungsforschung**
Mitgliedschaft in großen Interessensvertretungen, Parteien oder Dachverbänden**</td></tr>
</table>

[Anm.: *formell; **informell]

Quelle: Nentwich 1996: Table II
(Tabelle in graphisch abgeänderter Form übernommen[9])

---

9) Nentwich hat mehrere Partizipationskanäle in seinem Klassifikationsschema in Klammern vermerkt. Aus dem Text bzw. aus der graphischen Aufbereitung der Tabelle geht nicht unmittelbar hervor, warum diese Instrumente im Unterschied zu den anderen in Klammern aufscheinen. Es ist aber davon auszugehen, dass besagte Mittel für Nentwich nur bedingt in der jeweiligen Kategorie zu verankern sind und er deshalb eine derartige Vorgehensweise gewählt hat. Aufgrund dieser Unsicherheiten ist Tabelle I eine abgeänderte Version der ursprünglichen Tabelle ohne die eingeklammerten Teilhabekanäle.

Nentwichs Schema bietet einen guten Überblick zu den damals zur Verfügung stehenden OSCPs und kann als Vorlage für einen aktualisierten Raster dienen, der auf Basis der allen BürgerInnen derzeit offen stehenden Partizipationskanäle erstellt werden soll (vgl. Nentwich 1996: Table II).

6.5 „Political opportunity structure" (POS) der EU nach Nentwich

Ausgehend von diesem Klassifikationsschema hinsichtlich der „opportunity structures of citizens' participation" in der Europäischen Union hat Nentwich versucht, Rückschlüsse auf die politische Opportunitätsstruktur, also auf die allgemeine Verfasstheit der BürgerInnenbeteiligung im politischen System der EU zu ziehen.

Er versteht den Zustand der Möglichkeiten politischer Partizipation von BürgerInnen im Jahre 1996 wie folgt: „The POS of the EU does not know any element of direct democracy in the narrow sense" (ebda.: S. 8). Seiner Analyse zufolge gibt es für BürgerInnen abseits der im Fünf-Jahres-Zyklus stattfindenden Wahlen zum Europäischen Parlament keine Möglichkeit der direkten und bindenden politischen Partizipation auf europäischer Ebene. Dieser direkte Einfluss bezieht sich aber auch nur auf die Zusammensetzung einer Institution und nicht auf Mitspracherechte in konkreten inhaltlichen Fragen. Insbesondere Policy-orientierten Teilhabekanälen fehlt es also an unmittelbarer Einflussnahme auf das europapolitische Geschehen. BürgerInnen können direkt weder die Themensetzung noch konkrete Entscheidungsfindungsprozesse beeinflussen. Selbst die Kontrollmechanismen wie das Anrufen des EuGH sind indirekter Natur (vgl. ebda.: S. 8).

Nentwich identifiziert vor allem eine große Schwäche der politischen Opportunitätsstruktur der EU: Es fehlt an einer interaktiven Beziehung zwischen der Europäischen Kommission und den BürgerInnen der EU-Mitgliedstaaten. Direkte Kontakte mit BürgerInnen wären insbesondere von einer hierarchischen und unilateralen Herangehensweise gekennzeichnet (vgl. ebda.: S. 8). Teil dieses Problems ist für ihn auch die oftmals ausbleibende Berücksichtigung der geleisteten inhaltlichen Vorschläge aus der Bevölkerung.

Die Schwäche der politischen Opportunitätsstruktur für BürgerInnen in der EU liegt auch an der Strategie der Kommission, vermehrt mit vor Ort in Brüssel organisierten Interessensvertretungen wie Gewerkschaften oder NGOs zu kooperieren, individuelle Beteiligung aber außen vor zu lassen (vgl. Nentwich 1996: S. 8). So gesehen ist die politische Opportunitätsstruktur der EU von einer allgemeinen Tendenz hin zu einem hierarchischen Verhältnis zwischen BürgerInnen und den EU-Institutionen geprägt.

Diese Entwicklung führt aber nun genau zu einer Erschwerung der identifizierten zentralen Kritikpunkte. BürgerInnen können mangels probater Instrumente das Agenda-Setting auf EU-Ebene kaum beeinflussen (vgl. Nentwich 1996: S. 10). Des Weiteren haben sie keine Möglichkeit, eine bedeutende Rolle in Entscheidungsfindungsprozessen auf EU-Ebene zu spielen (vgl. ebda.: S. 8). Damit ist gemeint, dass die Einbindung im Vorfeld von Gesetzesinitiativen mangelhaft ist und schlussendlich keine europaweiten Abstimmungen über politische Vorhaben in den Verträgen vorgesehen sind. Es sind hauptsächlich indirekte, nicht-bindende und zumeist informelle Kanäle der politischen Einflussnahme für BürgerInnen in der EU ausfindig zu machen und ein Ausbleiben von Elementen direkter Demokratie zu konstatieren (vgl. ebda.: S. 8–9).

Die Verschiebung nationalstaatlicher Kompetenzen nach Brüssel hat konsequenterweise verminderte Möglichkeiten der politischen Teilhabe für BürgerInnen zur Folge, wenn nicht gleichzeitig auch adäquate Partizipationskanäle auf europäischer Ebene eingeführt werden (vgl. ebda.: S. 8).

Diese Befunde beziehen sich natürlich auf die Verfasstheit der Europäischen Union nach dem Maastricht-Vertrag Mitte der 1990er Jahre. Insofern muss Nentwichs Perspektive aufgrund der fehlenden Berücksichtigung wichtiger EU-Vertragsrevisionen einer teilweisen Aktualisierung unterzogen werden. Der grundsätzliche Analyserahmen mithilfe seiner sieben Dimensionen des OSCP-Begriffs und der übergeordneten POS-Ebene ist aber dennoch ein probates Werkzeug, um den Forschungsgegenstand dieser Masterarbeit theoretisch einzubetten. Schließlich können so alle vorhandenen Partizipationsinstrumente vergleichend analysiert und in einem Raster veranschaulicht werden (vgl. ebda.: Table II). Darauf aufbauend kann geklärt werden, inwiefern die EBI als eine unter vielen OSCPs den allgemeinen Zustand der politischen Partizipation von BürgerInnen verändert.

Die mangelnde Aktualität von Nentwichs Ansatz kann unter anderem durch die aktuellere Perspektive von Beate Kohler-Koch bezüglich des Verhältnisses zwischen der Europäischen Kommission und BürgerInnen im Vorfeld von EU-Gesetzgebungsverfahren ausgeglichen werden (vgl. Quittkat; Kohler-Koch 2011).

Dabei analysiert sie im Wesentlichen, wie die Kommission ein zusehends breites Spektrum an Akteuren bei der Ausarbeitung legislativer und nicht-legislativer Vorhaben miteinbezieht (vgl. Kohler-Koch; Finke 2007/Quittkat; Kohler-Koch 2011).

Nentwich kritisiert die Mitte der 1990er Jahre schwach ausgeprägte politische Opportunitätsstruktur auf europäischer Ebene aufgrund einer fehlenden interaktiven Beziehung zwischen BürgerInnen und der Kommission (vgl. Nentwich 1996: S. 10). Mit Kohler-Koch kann eben genau dieses Verhältnis zwischen BürgerInnen und der Kommission genauer beleuchtet werden. Dabei unterscheidet sie drei ineinander übergehende historische Phasen der Entwicklung von Partizipationsmöglichkeiten, auf welche später noch näher eingegangen wird (vgl. Kohler-Koch; Finke 2007/Quittkat; Kohler-Koch 2011).

7. OSCPs der EU im Vergleich

In den folgenden Kapiteln werden die oben ausgeführten Kategorien des Klassifikationsschemas von Michael Nentwich auf die derzeitige Bandbreite der politischen Partizipationskanäle von BürgerInnen auf europäischer Ebene angewendet. Auf Basis des Modells von Nentwich wird mithilfe seiner Dimensionen von „opportunity structures of citizens' participation“ ein aktualisierter Raster erstellt.

Vor Verwendung seines Konzepts werden jedoch zwei Adaptionen vorgenommen. Zum einen wird auf das Gegensatzpaar „konventionell vs. unkonventionell“ verzichtet, da der Fokus dieser Arbeit auf den BürgerInnen in der EU zur Verfügung stehenden OSCPs abseits von Ausprägungen sozialen Protests in Form von Streiks und Demonstrationen liegt. Eine Ausweitung auf alle Opportunitätsstrukturen würde den Analyserahmen quantitativ überstrapazieren. Es kann vorweggenommen werden, dass die EBI als konventionelles Instrument zu verstehen ist, weshalb ein Vergleich mit anderen konventionellen Kanälen den forschungsleitenden Fragestellungen dieser Arbeit besser Rechnung tragen kann.
Zum anderen wird mit dem Gegensatzpaar „UnionsbürgerInnen vs. BürgerInnen“ eine neue Kategorie miteinbezogen, um das politisch-rechtliche Potential der verschiedenen Teilhabekanäle ausreichend herausarbeiten zu können. Dadurch soll auch der am 1. Dezember 2009 in Kraft getretenen Vertragsrevision von Lissabon Rechnung getragen werden, im Zuge derer die UnionsbürgerInnenschaft schließlich erst eingeführt wurde.

Diese inhaltlichen Abgrenzungen sollen insgesamt vor allem einen praktikablen Analyserahmen dieser Masterarbeit sicherstellen.

7.1 Die Europäische Bürgerinitiative

Bevor die verschiedenen Dimensionen von OSCPs im politischen System der EU auf die Europäische Bürgerinitiative angewendet werden, muss zu allererst einmal das aktuelle Modell der selbigen auf Basis des Vertrags über die Europäische Union (EUV) und der Umsetzungsverordnung 211/2011, welche formale Grundlage zum genauen Ablauf der Initiierung und Durchführung einer EBI ist, erläutert werden.

7.1.1 Das aktuelle Modell

Die Europäische Bürgerinitiative findet ihre europarechtliche Verankerung im Vertrag von Lissabon, der mit 1. Dezember 2009 in Kraft getreten ist.

> „*Unionsbürgerinnen und Unionsbürger, deren Anzahl mindestens eine Million betragen und bei denen es sich um Staatsangehörige einer erheblichen Anzahl von Mitgliedstaaten handeln muss, können die Initiative ergreifen und die Europäische Kommission auffordern, im Rahmen ihrer Befugnisse geeignete Vorschläge zu Themen zu unterbreiten, zu denen es nach Ansicht jener Bürgerinnen und Bürger eines Rechtsakts der Union bedarf, um die Verträge umzusetzen.*" (Europäische Union 2012a: Art. 11 (4))

Die konkrete Ausgestaltung des derzeitigen Modells der EBI wurde jedoch erst mehr als zwei Jahre später mittels der EU-Verordnung 211/2011 verwirklicht. Das gültige Regelwerk für dieses neue direktdemokratische Partizipationsinstrument besteht seit 1. April 2012. Die grundsätzliche Bedingung für die Initiierung einer EBI ist, wie schon im Vertrag über die Europäische Union festgeschrieben, der Besitz der UnionsbürgerInnenschaft. Zudem können nur EU-BürgerInnen eine Europäische Bürgerinitiative aktiv mit ihrer Unterschrift unterstützen (vgl. Europäische Union 2011a: Art. 3 (1)/(4)).

Wenn UnionsbürgerInnen eine Initiative starten wollen, müssen sie sicherstellen, dass ihr Anliegen nicht gegen die im Vertrag über die Europäische Union (EUV) definierten Grundwerte der EU verstößt (vgl. ebda.: Art. 4 (2) d).

> „*Die Werte, auf die sich die Union gründet, sind die Achtung der Menschenwürde, Freiheit, Demokratie, Gleichheit, Rechtsstaatlichkeit und die Wahrung der Menschenrechte einschließlich der Rechte der Personen, die Minderheiten angehören. Diese Werte sind allen Mitgliedstaaten in einer Gesellschaft gemeinsam, die sich durch Pluralismus, Nichtdiskriminierung, Toleranz, Gerechtigkeit, Solidarität und die Gleichheit von Frauen und Männern auszeichnet.*" (ebda: Art. 2)

Außerdem müssen die Forderungen einer EBI im Kompetenzbereich der Europäischen Union liegen, wobei es keine Rolle spielt, ob es sich um ausschließliche, geteilte oder unterstützende Zuständigkeiten handelt (vgl. Szeligowska; Mincheva 2012: S. 277/Greenwood 2012: S. 330). Wichtig ist nur, dass die Europäische Kommission im jeweiligen Themenfeld das Recht besitzt, eine Gesetzesinitiative zu starten. Zudem dürfen die im Rahmen einer EBI gestellten Forderungen nicht auf Vertragsrevisionen abzielen (vgl. ebda.: S. 275–276/ebda.: S. 330).

> *„Die Organisatoren bilden einen Bürgerausschuss, dem mindestens sieben Personen angehören, die Einwohner von mindestens sieben verschiedenen Mitgliedstaaten sind. Die Organisatoren benennen einen Vertreter und einen Stellvertreter (nachstehend „Kontaktpersonen" genannt), die während der gesamten Dauer des Verfahrens als Bindeglied zwischen dem Bürgerausschuss und den Organen der Union dienen und beauftragt werden, im Namen des Bürgerausschusses zu sprechen und zu handeln."* (Europäische Union 2011a: Art. 3 (2))

Damit die EBI nicht durch die Hintertür von Mitgliedern des Europäischen Parlaments verwendet werden kann, um ihren politischen Forderungen Nachdruck zu verleihen, gibt es eine weitere Sonderregelung. Sollten Abgeordnete zum EP Teil des Ausschusses sein, würden sie nicht zu den notwendigen sieben BürgerInnen gezählt werden. Anders formuliert: Mitglieder des Ausschusses können durchaus gleichzeitig Abgeordnete im Europaparlament sein, beim Errechnen der notwendigen Anzahl von sieben Mitgliedern würden sie aber nicht berücksichtigt werden (vgl. ebda.).

Damit kann verhindert werden, dass der Grundgedanke hinter der Etablierung der EBI ad absurdum geführt wird. Schließlich sollte es ein Instrument sein, um den Interessen der UnionsbürgerInnen auf EU-Ebene besser Geltung zu verschaffen und nicht, um parteipolitischen Forderungen der EU-ParlamentarierInnen Ausdruck zu verleihen (vgl. Europäische Union 2012a: Art. 11 (4)).

Die Europäische Kommission überprüft in einem ersten Schritt die Einhaltung all dieser Grundbedingungen. Erst nach erfolgreicher Vorabprüfung wird die formale Zulässigkeit der jeweiligen Europäischen Bürgerinitiative bestätigt. Die Kommission hat so gesehen bereits von Anfang an eine zentrale Rolle inne, bevor ein Anliegen überhaupt zur Unterschrift aufliegen kann. Das aktuelle Beispiel der nicht zugelassenen Bürgerinitiative „STOP-TTIP" gegen die Freihandelsabkommen der EU mit den USA und Kanada zeigt die dominante Stellung der Kommission eindeutig auf. Diese Initiative hatte zum Ziel, sowohl das Abkommen mit den USA (TTIP) als auch jenes mit Kanada (CETA) zu verhindern. Konkret wurde die Europäische Kommission aufgefordert, dem Rat der Europäischen Union zu empfehlen, das ausgestellte Verhandlungsmandat für TTIP zu widerrufen und CETA nicht umzusetzen.[10]

Die Kommission hat das Anliegen mit der Begründung zurückgewiesen, dass eine Europäische Bürgerinitiative grundsätzlich die Kommission nur anweisen darf, mittels eines neuen Rechtsakts im Rahmen des bestehenden Unionsrechts zu agieren (vgl. European Commission 2014b: S. 3). In der Umsetzungsverordnung 211/2011 wird der Begriff „Bürgerinitiative" wie folgt definiert:

> *Darunter ist „eine Initiative* [zu verstehen], *die der Kommission gemäß dieser Verordnung* [Anm.: EU-Verordnung 211/2011] *vorgelegt wird und in der die Kommission aufgefordert wird, im Rahmen ihrer Befugnisse geeignete Vorschläge zu Themen zu unterbreiten, zu denen es nach Ansicht von Bürgern eines Rechtsakts der Union bedarf, um die Verträge umzusetzen, und die die Unterstützung von mindestens einer Million teilnahmeberechtigten Unterzeichnern aus mindestens einem Viertel aller Mitgliedstaaten erhalten hat."* (Europäische Union 2011a: Art. 2 (1))

Im Umkehrschluss können BürgerInnen mit einer EBI aber keinesfalls von der Kommission verlangen, dem Rat der EU und dem Europaparlament einen bestimmten Gesetzesvorschlag nicht zu unterbreiten. (vgl. European Commission 2014b: S. 3). Prinzipiell bedeutet dies, dass UnionsbürgerInnen in dieser Causa also nicht präventiv eingreifen dürfen, sondern erst dann eine EBI starten können, wenn TTIP und/oder CETA bereits ratifiziert sind. Diese komplexen rechtlichen Bestimmungen grenzen nicht nur den Anwendungsbereich der EBI ein, sie können vor allem zu unüberwindbaren Hürden für „einfache" UnionsbürgerInnen bei der Initiierungsphase werden.

Wichtig ist auch noch zu beachten, dass die InitiatorInnen „regelmäßig aktualisierte Informationen über die Quellen der Unterstützung und

---

10) STOP-TTIP (o. J.): Registration text. European Citizens' Initiative „STOP-TTIP". Online verfügbar unter: http://stop-ttip.org/registration/; abgerufen am 22. September 2014.

Finanzierung für die geplante Bürgerinitiative" (Europäische Union 2011a: Art. 4 (1)) bereitstellen müssen.

Wenn eine Bürgerinitiative als formal zulässig registriert wird, beginnt die Phase der Unterschriftensammlung. Die InitiatorInnen haben fortan zwölf Monate Zeit, um die notwendige Zahl von einer Million Unterstützungserklärungen zu erreichen. Gleichzeitig müssen auch in mindestens einem Viertel aller EU-Mitgliedstaaten nationale Stimmhürden übersprungen werden (vgl. Europäische Union 2011a: Art. 7). Bei Initiierung der EBI „right2water" bestand die Europäische Union aus 27 Mitgliedstaaten, weshalb das nationale Quorum in mindestens sieben davon überschritten werden musste. Diese nationalen Hürden werden wie folgt errechnet: Die Zahl der jeweiligen nationalen Abgeordneten eines Mitgliedslandes zum Europäischen Parlament wird mit der Zahl 750 multipliziert (vgl. ebda.: Art. 7 (2)). 750 gilt als Richtwert für die Gesamtzahl der EU-ParlamentarierInnen, ungeachtet der Tatsache, dass sich diese seit den EU-Wahlen vom Mai 2014 tatsächlich auf 751 beläuft. Es obliegt der Kommission, mittels delegierter Rechtsakte Anpassungen der nationalen Quoren vorzunehmen, wenn sich die Zahl der ParlamentarierInnen eines EU-Mitgliedstaates verändert (vgl. ebda.: Art. 7 (3)).

Bei vormals 19 Abgeordneten zum EP ergab das für die InitiatorInnen von „right2water" eine nationale Stimmhürde von 14 250 Unterschriften in Österreich. Angesichts des Verlusts von einem Sitz verringert sich diese Zahl für Österreich zukünftig auf 13 500 notwendige UnterstützerInnen. Seit 1. Juli 2014 gelten die neuen nationalen Stimmhürden auf Basis der delegierten EU-Verordnung 531/2014 vom 12. März 2015 (vgl. Europäische Union 2014a).

Erst wenn das so genannte „doppelte Quorum" erreicht worden ist, muss die Europäische Kommission zum Anliegen der InitiatorInnen schriftlich binnen drei Monaten Stellung nehmen (vgl. Europäische Union 2011a: Art. 5 (5)). Das doppelte Quorum kann die europäische Dimension eines Anliegens gewährleisten und gilt daher als eine Art Absicherung gegen nationalisierte Kampagnen. Dieser Schutzmechanismus soll also insbesondere verhindern, dass sich Akteure aus einem bevölkerungsreichen EU-Mitgliedstaat das Instrument der EBI zu Eigen machen, um ihre jeweiligen nationalen Forderungen auf EU-Ebene durchzusetzen.

Die Modalitäten bezüglich der Unterschriftsleistung werden nicht vermittels der EU-Verordnung 211/2011 geregelt, sondern obliegen den jeweiligen Bestimmungen der Mitgliedsländer. Deshalb ergeben sich stark voneinander abweichende nationale Regelungen vor allem hinsichtlich des Mindestalters und der bei der Unterzeichnung anzugebenden persönlichen Daten. Nach Ablauf der zwölf-monatigen Frist sind es erneut die Behörden der Mitgliedstaaten, welche die Prüfung der geleisteten Unterschriften durchführen (vgl. Europäische Union 2011a: Art. 8). In Bezug auf Österreich ist dementsprechend die Bundeswahlbehörde des Innenministeriums dafür verantwortlich.

Zum Zeitpunkt der Initiierung von „right2water" war Österreich das einzige EU-Mitgliedsland, in dem Personen bereits im Alter von 16 Jahren eine Europäische Bürgerinitiative mit ihrer Unterschrift unterstützen konnten. Österreich wiederum fordert beispielsweise von potentiellen UnterstützerInnen die Nummer des Personalausweises oder Reisepasses, während in Deutschland diese Angaben nicht notwendig sind.

Europäische Bürgerinitiativen können in erster Linie in Papierform unterzeichnet werden, wobei dies nicht via einfacher Unterschriftenliste, sondern nur mit einem offiziellen Formular möglich ist, das auch Gegenstand der EU-Verordnung 211/2011 ist (vgl. Europäische Union 2011a: Anhang III). Eine europaweite einheitliche Online-Plattform würde das Sammeln für Unterstützungserklärungen für die InitiatorInnen einer EBI deutlich erleichtern, bisher obliegt es aber ihnen selbst, eine derartige Plattform einzurichten. Die OrganisatorInnen von „right2water" haben beispielsweise sichergestellt, dass ihr Anliegen auch online auf ihrer Kampagnenhomepage www.right2water.eu unterstützt werden konnte. Jedoch stellt die Kommission seit Juli 2012 eine kostenlose Software zur Verfügung, die als Ausgangsbasis für ein Online-Sammelsystem der Unterstützungserklärungen dienlich sein kann (vgl. Europäische Kommission 2014f: S. 19). Die Gesamtkosten für die Sammlung von Stimmen über das Internet müssen aber die InitiatorInnen selbst übernehmen. Sollten potentielle UnterstützerInnen einer Europäischen Bürgerinitiative das Formular in Papierform benützen, müssen sie dieses selbst an die OrganisatorInnen übermitteln.

Es gibt eine von der Kommission bereitgestellte Homepage, auf der alle EBIs registriert sind.[11] Hier scheinen alle laufenden, abgeschlossenen, nicht mehr aktuellen und abgelehnten Initiativen auf. Diese Internetseite beinhaltet weitere wichtige Informationen, unter anderem zur Finanzierung einer jeweiligen EBI bzw. auch eine genaue Auflistung jener Personen, welche im BürgerInnenausschuss sitzen. Bezüglich der Finanzierung werden die konkreten Summen und Namen der individuellen UnterstützerInnen ebenso genannt, wie jene der eine EBI finanzierenden Organisationen.[12]

Ein anderes wichtiges Element dieser Homepage betrifft die eingerichtete Zeittafel. So wird graphisch übersichtlich aufbereitet, in welcher Phase sich eine Initiative zum jeweiligen Zeitpunkt befindet. Bei „right2water" ist beispielsweise schon aufgelistet, wann diese EBI registriert wurde, in welchem Zeitraum die Unterschriften gesammelt wurden und wann die Kommission ihre offizielle Antwort veröffentlichte.[13]

Darüber hinaus sind alle wichtigen Dokumente, wie eben beispielsweise die Stellungnahme der Kommission, auch sofort abrufbar auf dieser Webseite. Während die formale Antwort der Kommission in allen Amtssprachen der Europäischen Union verfügbar ist, können allgemeine Informationen zu einer Initiative im amtlichen Register nur in jenen Sprachen eingesehen werden, welche vonseiten der OrganisatorInnen einer EBI bei der Registrierung angegeben wurden. Es obliegt also den InitiatorInnen, die notwendigen Übersetzungen der zentralen Erklärungstexte und Slogans ihrer Kampagne zu übernehmen.

Darüber hinaus kann über das amtliche Online-Register das Formular zur Unterstützung einer Initiative in allen Amtssprachen der EU heruntergeladen werden. Nach Abschluss der Frist zur Sammlung der Unterstützungserklärungen und der behördlichen Zählung aller eingegangenen Stimmen werden die offiziellen Zahlen nach EU-Mitgliedsländern unterteilt auf diesem Register veröffentlicht.

---

11) Europäische Kommission (2015): Die Europäische Bürgerinitiative. Amtliches Register. Zuletzt aktualisiert am 12. März 2015. Online verfügbar unter: http://ec.europa.eu/citizens-initiative; abgerufen am 12. März 2015.

12) ebda.

13) Europäische Kommission (2015): Die Europäische Bürgerinitiative. Amtliches Register. Zuletzt aktualisiert am 12. März 2015. Online verfügbar unter: http://ec.europa.eu/citizens-initiative; abgerufen am 12. März 2015.

Sollte das Wohnsitzland nicht mit dem Herkunftsland übereinstimmen, können sich UnionsbürgerInnen entscheiden, für welchen EU-Mitgliedstaat ihre Unterschrift gezählt wird. Im Falle des Besitzes von StaatsbürgerInnenschaften zweier oder mehrerer EU-Mitgliedsländer obliegt es Unionsbürgerinnen ebenfalls zu entscheiden, wo die Unterstützungserklärung registriert werden soll (vgl. Europäische Union 2011a: Anhang III). Für EU-BürgerInnen, die ihren aktuellen Wohnsitz außerhalb der Europäischen Union haben, gelten die Bestimmungen ihres jeweiligen europäischen Herkunftslandes. Wie bei den Wahlen zum Europäischen Parlament können UnionsbürgerInnen auch bei der Europäischen Bürgerinitiative ihre Stimme lediglich einmal abgeben (vgl. ebda.: Art. 5 (3)). Alle angegebenen personenbezogenen Daten müssen geschützt bleiben und dürfen laut EU-Umsetzungsverordnung 211/2011 nicht zweckentfremdet verwendet werden (vgl. ebda.: Art. 12).

Die OrganisatorInnen einer Bürgerinitiative sind verpflichtet, die Formulare mit den geleisteten Unterstützungserklärungen gesammelt an die nationalen Behörden zu übergeben. Nach Ablauf der zwölf-monatigen Frist überprüfen dann die jeweiligen nationalen Behörden die Unterschriften und angegebenen personenbezogenen Daten auf ihre Gültigkeit (vgl. ebda.: Art. 8). Sollte das doppelte Quorum tatsächlich übersprungen worden sein, kann die Initiative der Kommission offiziell vorgelegt werden. Beim Einreichen der gültigen Unterschriften müssen erneut detaillierte Informationen über die Finanzierung der EBI inkludiert sein, welche von der Kommission auf der Online-Plattform veröffentlicht werden (vgl. Europäische Union 2011a: Art. 9–10/Europäische Kommission 2015).

Außerdem empfängt die Europäische Kommission die OrganisatorInnen der Bürgerinitiative, um mit ihnen in persönlichen Gesprächen die Forderungen genauer zu diskutieren. Darüber hinaus muss binnen drei Monaten eine schriftliche Antwort vonseiten der Kommission erfolgen. Sie „legt (…) innerhalb von drei Monaten in einer Mitteilung ihre rechtlichen und politischen Schlussfolgerungen zu der Bürgerinitiative sowie ihr weiteres Vorgehen bzw. den Verzicht auf ein weiteres Vorgehen und die Gründe hierfür dar“ (Europäische Union 2011a: Art. 10 (1) c)).

Die zweite zentrale rechtliche Konsequenz einer quantitativ erfolgreichen EBI ist die öffentliche Anhörung der OrganisatorInnen im Europäischen

Parlament, bei der die Europäische Kommission „auf geeigneter Ebene vertreten" (ebda.: Art. 11) sein muss. Was genau unter der geeigneten Ebene zu verstehen ist, bleibt laut EU-Verordnung 211/2011 aber offen.

Wenn die InitiatorInnen einer Europäischen Bürgerinitiative also die weitreichenden formalen Hürden überspringen können, haben sie sich zusammengefasst drei wesentliche Rechte gegenüber der Kommission erkämpft: Zum einen das Recht auf ein persönliches Treffen mit der Europäischen Kommission, zum anderen eine schriftliche Stellungnahme der Kommission binnen drei Monaten nach Einreichen der überprüften Unterschriften. Drittens erlangen die OrganisatorInnen das Recht, bezüglich ihres Anliegens im Europäischen Parlament angehört zu werden, wobei VertreterInnen der Kommission anwesend sein müssen und auch andere EU-Organe teilnehmen können (vgl. ebda.: Art. 11).

Im Umkehrschluss bedeutet das natürlich, dass eine quantitativ erfolgreiche Europäische Bürgerinitiative keine automatischen Auswirkungen auf den EU-Gesetzgebungsprozess hat. Schließlich können UnionsbürgerInnen die Kommission mit einer EBI laut EU-Verordnung 211/2011 nicht zu einer Gesetzesinitiative zwingen. Entgegen der Bezeichnung Bürger*initiative* wird durch die EBI nicht am Initiativmonopol der Kommission gerüttelt. Die politischen Forderungen der OrganisatorInnen sind insgesamt nicht mehr als inhaltliche Anregungen für potentielle Gesetzesinitiativen vonseiten der Kommission.

Allgemein hat die Kommission eine äußerst gewichtige Stimme bei potentiellen Initiativen, weil sie diese vorab erst einmal ob ihrer formalen Zulässigkeit überprüft. Wie auf dem offiziellen Register einsehbar, sind bis Ende 2014 von insgesamt 51 lancierten Bürgerinitiativen 20 aufgrund formaler Bestimmungen im Vorfeld abgelehnt worden.[14]

Das derzeitige Modell der EBI wurde unter anderem dafür kritisiert, dass neben den hohen organisatorischen Anforderungen auch eine große finanzielle Hürde besteht. Die Kosten für eine Kampagne für eine Europäische Bürgerinitiative sind schwer einschätzbar, wurden aber auf rund eine Million Euro veranschlagt, was erhebliche Schwierigkeiten für „gewöhnliche" UnionsbürgerInnen bedeutet, eine EBI selbst zu organisieren

---

14) Europäische Kommission (2015): Die Europäische Bürgerinitiative. Amtliches Register. Zuletzt aktualisiert am 12. März 2015. Online verfügbar unter: http://ec.europa.eu/citizens-initiative; abgerufen am 12. März 2015.

(vgl. Greenwood 2012: S. 330/Bouza Garcia; del Rio Villar 2012: S. 318/Interview 4: Elisa Bruno (ECAS)).

7.1.2 Die „Agenda-Initiative"

In den EU-Mitgliedstaaten existieren zahlreiche vergleichbare Mittel zur direktdemokratischen Partizipation von BürgerInnen. Das aktuelle Modell der Europäischen Bürgerinitiative ist so gesehen lediglich eine mögliche Variante unter vielen. Die unterschiedlichen Formen können in die drei übergeordneten Kategorien „Initiative", „Referendum" und „Plebiszit" eingeteilt werden (vgl. Kaufmann 2010: S. 35). Kaufmann differenziert diese drei verschiedenen Typen von „popular vote procedures" (ebda.: S. 39), welche er dann wiederum in zehn weitere Unterkategorien einteilt (vgl. ebda.).

Eine gebräuchliche deutsche Übersetzung des englischsprachigen Begriffs „popular vote procedures" lautet „Volksabstimmung", jedoch wird im Rahmen dieser Arbeit der englische Originalausdruck verwendet, da „Volksabstimmung" im Gegensatz zu Kaufmanns Ausführungen bereits die Abhaltung eines Referendums suggeriert. Seine Differenzierungen basieren auf den Fragen, wer die politischen Forderungen einer „popular vote procedure" formuliert, wer als InitiatorIn gilt und wer schlussendlich das Recht hat, über das Anliegen zu entscheiden (vgl. ebda.: S. 38). Unter InitiatorIn versteht Kaufmann keineswegs ausschließlich eine natürliche Person. Sollte es beispielsweise gesetzlich vorgeschriebene Fälle von abzuhaltenden Referenden geben, gilt der/die GesetzgeberIn als InitiatorIn (vgl. ebda.: S. 39).

Vergleicht man nun die EBI mit ähnlichen nationalstaatlichen Partizipationskanälen direktdemokratischer Natur, dann kann sie – wie der Name schon erahnen lässt – in die erste Kategorie der „Initiative" eingeordnet werden. Schließlich wird beim Erreichen des doppelten Quorums das jeweilige politische Anliegen nur an die Kommission herangetragen, eine (un)verbindliche Abstimmung darüber folgt jedoch nicht.

Das derzeitige Modell der EBI kann mit Kaufmann als „Agenda-Initiative" bezeichnet werden, weil die letztendliche Entscheidung über das herangetragene Anliegen nicht von den Wahlberechtigten getroffen wird, sondern von einer staatlichen Behörde (vgl. Kaufmann 2010: S. 40/vgl. Nentwich 1996: S. 2). Tabelle II bietet eine adaptierte Übersicht über die von Kaufmann diskutierten vier Varianten von „Initiativen".

Tabelle II: Die vier Formen von Initiativen

Form	InitiatorInnen	Entscheidungs-kompetenz
BürgerInnen- oder Volksinitiative	Eine Gruppe von BürgerInnen	Alle Wahlberechtigten
BürgerInnen- oder Volksinitiative + Gegenvorschlag der Behörden[15]	Eine Gruppe von BürgerInnen	Alle Wahlberechtigten
Agenda-Initiative	Eine Gruppe von BürgerInnen	Eine (repräsentative) Behörde
Minderheiteninitiative durch Behörden	Minderheit einer repräsentativen Behörde	Alle Wahlberechtigten

Quelle: Tabelle II ist eine abgeänderte Version der Vorlage von Kaufmann (2010: S. 38–39)

In Österreich existiert mit dem „Volksbegehren" auch eine Version der „Agenda-Initiative" zur direktdemokratischen Partizipation für StaatsbürgerInnen (vgl. Cuesta-Lopez 2012: S. 259). Hierzulande muss das Anliegen bei Erreichen der vorgeschriebenen Unterschriftenzahlen vom Nationalrat behandelt werden, Gesetzesinitiativen folgen aber ebenfalls nicht automatisch.[16]

> *„If it is successful, the content of the petition (that is a proposal for a policy) has to be considered at the decision-making level, but parliament remains completely free to amend the proposal and to decide upon it."* (Nentwich 1996: S. 2)

Andere Modelle wie die schweizerische Gesetzesinitiative haben den Charakter einer direkten Initiative bzw. „citizen's or popular initiative" (Kaufman 2010: S. 38), weil sie nach Überspringen einer Mindestzahl an

15) Unter Behörde ist laut Kaufmann ein (repräsentatives) politisches Organ zu verstehen. Im Fall der Europäischen Bürgerinitiative ist damit die Europäische Kommission gemeint.

16) Republik Österreich – Parlament (2014): Parlament erklärt. Beteiligung der BürgerInnen. Volksbegehren. Zuletzt aktualisiert am 25. September 2014. Online verfügbar unter http://www.parlament.gv.at/PERK/BET/ VOLKBG/; abgerufen am 25. September 2014.

Unterstützungserklärungen automatisch zu einer Abstimmung führen (vgl. Nentwich: S. 2).

Ein wesentlicher Unterschied zum österreichischen „Volksbegehren" ist die Anzahl der einzuholenden Unterstützungserklärungen. Während die in Österreich notwendigen 100.000 Stimmen in etwa 1,3 Prozent der Gesamtbevölkerung von rund acht Millionen bedeuten, ist die quantitative Hürde auf europäischer Ebene bedeutend niedriger.[17] Bei rund 500 Millionen EinwohnerInnen ist das Quorum der eingeforderten einen Million Unterschriften für eine EBI prozentual gesehen deutlich geringer (ca. 0,2 Prozent). Bezüglich der benötigten Unterstützungserklärungen weist die EBI also im Vergleich zum österreichischen Volksbegehren eine verhältnismäßig niedrige Hürde auf. Die konkreten rechtlichen Konsequenzen einer EBI sind, wie auch beim Volksbegehren, äußerst schwach ausgeprägt, was am allgemein wenig verbindlichen Charakter der „Agenda-Initiative" selbst liegt, der eher jenem einer Petition gleicht.

Nichtsdestotrotz stößt sie durch die rechtliche Verpflichtung der Kommission auf Anhörung der InitiatorInnen einen Dialog zwischen den EU-Institutionen und den UnionsbürgerInnen an (vgl. Kaufmann 2010: S. 47). Zusätzlich erweitert sie, begleitend zur grundsätzlichen Fokussierung der EU auf Output-Legitimität im Rahmen des permissiven Konsens, die Legitimität von Entscheidungen auf EU-Ebene um eine Input-orientierte Dimension (vgl. Kaufmann 2010: S. 47/Struelens 2011: S. 82–84/Kohler-Koch 2011a: S. 22).

Der Ausdruck „permissiver Konsens" (Pollak; Slominski 2012: S. 173) will die Legitimität der Europäischen Integration beschreiben, welche allen voran durch den Output gestärkt wird. „Output bezieht sich auf die Qualität des Regierens bzw. auf die messbaren Ergebnisse des Regierens" (ebda.: S. 184). Hinsichtlich der Geschichte der Europäischen Union sind darunter beispielsweise die Vermeidung von Kriegen zwischen den Mitgliedsländern oder die erhöhte demokratische Stabilität der selbigen zu betrachten (vgl. ebda.).

---

17) Republik Österreich – Parlament (2014): Parlament erklärt. Beteiligung der BürgerInnen. Volksbegehren. Zuletzt aktualisiert am 25. September 2014. Online verfügbar unter http://www.parlament.gv.at/PERK/BET/VOLKBG/; abgerufen am 25. September 2014.

Zwar ist die EBI im Lichte dieser Konzeption als „Agenda-Initiative" kein revolutionäres Mittel zur Beseitigung des in der politikwissenschaftlichen Literatur breit diskutierten Demokratiedefizits der EU, trotzdem ergeben sich einige bedeutende demokratiepolitische Implikationen aus der Existenz eines derartigen Instruments (vgl. Pollak; Slominski 2012/ Follesdal; Hix 2006).

Zuallererst ist die EBI eben ein Mittel zum Starten einer breiten politischen Debatte. Durch sie bekommen BürgerInnen die Chance, eine aktive Rolle beim Agenda-Setting auf EU-Ebene zu übernehmen (vgl. Beier 2011: S. 43).

Eine quantitativ erfolgreiche Kampagne mit großem Medienecho fordert zweitens die Europäische Kommission auf, inhaltlich eine klare Position zu beziehen. Sie muss als einziges EU-Organ eine Stellungnahme zur jeweiligen Initiative abgeben, doch auch andere Instanzen wie das EP oder der Rat der Europäischen Union werden eine beide Quoren überspringende Initiative kaum einfach so ignorieren können, sollte beispielsweise auch die mediale Resonanz eine dementsprechend starke sein. Dies gilt umso mehr im Fall von „right2water", welche die historisch erste quantitativ erfolgreiche EBI ist. Wenn VertreterInnen der EU-Institutionen klar Stellung beziehen, dann erhöht das auch die Transparenz in ihrem Verhältnis zu den UnionsbürgerInnen (vgl. Beier 2011: S. 43).

Selbst eine ablehnende Haltung der Kommission gegenüber den Inhalten einer Initiative kann für ein transparenteres Verhältnis zu den UnionsbürgerInnen sorgen, da diese so wenigstens Klarheit darüber haben, welche politische Position die Kommission bezüglich der angesprochenen Forderungen vertritt. Folglich müssen für eine adäquate Auseinandersetzung mit der Thematik einer EBI vonseiten der Europäischen Kommission genügend Ressourcen aufgebracht werden. Sie wird sich mit den Forderungen der Initiativen vertraut machen müssen (vgl. ebda.).

Eine Stellungnahme der Kommission kann wiederum anderen PolitikerInnen auf europäischer Ebene, beispielsweise Abgeordneten zum Europaparlament oder anderen EU-Institutionen, die Möglichkeit geben, selbst Position zu beziehen und eventuell eine oppositionelle Haltung einzunehmen. So gesehen birgt die EBI ein deliberatives Potential in sich, wenn sie Grundlagen für eine öffentliche Debatte anlässlich spezifischer politischer Forderungen auf europäischer Ebene schafft (vgl. ebda.: S. 44).

7.1.3 Die EBI als OSCP

Anhand der eben dargelegten Ausführungen zur rechtlichen Basis und zum politischen Potential der Europäischen Bürgerinitiative wird deutlich, welche Art der Opportunitätsstruktur für BürgerInnenbeteiligung selbige aufweist.

UnionsbürgerInnen können mit diesem Policy-orientierten Kanal auf mehreren Ebenen in den EU-Policy-Prozess einwirken. Die EBI ist nicht nur ein Kanal zur Definition politischer Probleme bzw. zur Beeinflussung der Themensetzung auf EU-Ebene, sie kann UnionsbürgerInnen auch ein Mitspracherecht ermöglichen, welches sich in der öffentlichen Anhörung vor dem EP und im persönlichen Treffen des BürgerInnenausschusses mit der Kommission manifestiert. Außerdem können BürgerInnen die EBI dazu nützen, das Vorgehen der EU-Institutionen zu kontrollieren, wenngleich das aktuelle Beispiel der auf Basis rechtlicher Einwände zurückgewiesenen Initiative „STOP-TTIP“ die Grenzen dieser Möglichkeiten aufzeigt.

Das Bestehen eines festen Regelwerks zum Ablauf einer EBI darf nicht darüber hinwegtäuschen, dass dieses Mittel schlussendlich durch seine rechtliche Unverbindlichkeit charakterisiert ist, was nicht zuletzt am Beispiel der von der Europäischen Kommission dezidiert abgelehnten Initiative „Einer von uns“ deutlich wird (vgl. Europäische Kommission 2014d). „Einer von uns“ hatte im Frühjahr 2014 als zweite Initiative nach „right2water“ das notwendige doppelte Quorum übersprungen, die Kommission weigerte sich aber in ihrer schriftlichen Stellungnahme, die Forderungen der InitiatorInnen umzusetzen.

Trotz ihrer formellen Natur im Sinne Nentwichs bleibt kritisch anzumerken, dass die Europäische Bürgerinitiative zwar im Vertrag von Lissabon verankert ist, sich jedoch nicht unter den für UnionsbürgerInnen gültigen Grundrechten befindet (vgl. Cuesta-Lopez 2012: S. 260). Im Unterschied dazu scheinen das aktive wie passive Wahlrecht für das Europaparlament oder das Petitionsrecht in der Charta der EU-Grundrechte auf. BürgerInnen haben dennoch das im Vertrag über die EU festgeschriebene Recht, die EBI in Anspruch zu nehmen, falls sie die in der Umsetzungsverordnung 211/2011 geregelten Kriterien erfüllen. Insofern bleibt die EBI – mit dem begrifflichen Handwerkszeug von Nentwich gesprochen – ein formalisierter Teilhabekanal.

Eine weitere Analysekategorie von Nentwich betrifft die Frage, ob ein Instrument eine direkte Verbindung zwischen dem Input der BürgerInnen und dem jeweiligen „Policy-Output“ herstellt. Trotz der Verpflichtung für die Europäische Kommission zu einer schriftlichen Stellungnahme binnen drei Monaten kann keine Rede von einer solchen direkten Verbindung sein. Schließlich ist nicht einmal gewährleistet, dass überhaupt ein Gesetzgebungsverfahren gestartet wird. Das Anliegen der Bürgerinitiative wird nicht direkt in den legislativen Prozess der EU übersetzt, sondern lediglich als unverbindliche Forderung an die Kommission herangetragen, womit diese sozusagen als Mediator zwischen den Anliegen von UnionsbürgerInnen und einem etwaigen „Policy-Output“ fungiert (vgl. Nentwich 1996: S. 3).

Darüber hinaus wurde rund die Hälfte aller gestarteten Initiativen bereits nach der Vorabprüfung der Kommission als nicht zulässig eingestuft[18]. Dieser Umstand kann natürlich durch rechtliche Unkenntnisse der InitiatorInnen bezüglich der formal zulässigen Forderungen bedingt sein. Dennoch wird nicht zuletzt am Fall von „STOP-TTIP“ deutlich, dass der Kommission durch die Umsetzungsverordnung 211/2011 schon bei der Zulassungsphase eine starke Position eingeräumt wird und der Anwendungsbereich der EBI relativ begrenzt ist.

Trotz ihres indirekten Charakters ist die EBI ein UnionsbürgerInnen aktiv einbindendes Instrument, da diese mit ihrer Unterschrift die Basis für den Erfolg oder Misserfolg einer Initiative sind. UnionsbürgerInnen erhalten also mit der EBI gewissermaßen ein Stimmrecht. Zwar ist dies kein mit einem Referendum zu vergleichendes Recht, da nicht zwischen zwei gegensätzlichen Standpunkten abgestimmt werden kann, jedoch können sie zumindest ihre Stimme für ein bestimmtes Anliegen abgeben. Während der Großteil der UnterstützerInnen einer Initiative lediglich als UnterzeichnerInnen in Erscheinung tritt, bindet die EBI im Rahmen des BürgerInnenausschusses einen kleineren Kreis von Personen aktiv noch stärker ein.

Jede abgegebene Unterschrift für die jeweilige Initiative bedeutet deshalb auch eine Stimme für die mindestens siebenköpfige Gruppe von

---

18) Europäische Kommission (2015): Die Europäische Bürgerinitiative. Amtliches Register. Zuletzt aktualisiert am 12. März 2015. Online verfügbar unter: http://ec.europa.eu/citizens-initiative; abgerufen am 12. März 2015.

UnionsbürgerInnen, welche die EBI und ihre UnterstützerInnen gegenüber den EU-Institutionen vertritt. Anders formuliert: Wenn UnionsbürgerInnen eine Europäische Bürgerinitiative mit ihrer Signatur unterstützen, dann wählen sie damit automatisch ihre offiziellen VertreterInnen, welche im so genannten BürgerInnenausschuss in weiterer Folge als ihr Sprachrohr fungieren. Dieses Gremium erfüllt somit die Rolle eines repräsentativen Organs aller abgegebenen Stimmen.

Wichtig ist an dieser Stelle insbesondere die Berücksichtigung der im Rahmen dieser Masterarbeit eingeführten achten Dimension von OSCPs. Die Zugänglichkeit der EBI ist sowohl bezüglich potentieller UnterzeichnerInnen als auch hinsichtlich der Mitglieder des Ausschusses auf UnionsbürgerInnen beschränkt. Wie oben bereits angedeutet, werden innerhalb der Europäischen Union lebende Personen von der Inanspruchnahme dieses direktdemokratischen Instruments per se ausgeschlossen, wenn sie nicht die StaatsbürgerInnenschaft eines EU-Mitgliedslandes und damit die UnionsbürgerInnenschaft besitzen.

7.2 Alternative Teilhabekanäle auf europäischer Ebene

Neben der Europäischen Bürgerinitiative gibt es eine Reihe weiterer Mittel für BürgerInnen, Einfluss im politischen System der EU auszuüben. Im Wesentlichen handelt es sich hierbei um Partizipationskanäle, welche das Verhältnis von BürgerInnen zu bestimmten Institutionen der Europäischen Union strukturieren bzw. die Teilhabechancen von BürgerInnen am politischen Geschehen auf europäischer Ebene vermittelt über diese Institutionen regulieren.

In Bezug auf das Europäische Parlament existieren drei verschiedene Möglichkeiten: Erstens werden die Mitglieder des EP direkt von den UnionsbürgerInnen gewählt. Zweitens gibt es die Petition an das Europaparlament und nicht zuletzt veranstaltet das selbige regelmäßig so genannte „Bürgerforen“, bei denen bis zu 500 VertreterInnen zivilgesellschaftlicher Organisationen bestimmte Themenbereiche unter der Moderation des EP diskutieren und gemeinsame Abschlusserklärungen präsentieren.

Die Europäische Kommission wiederum bietet ebenfalls vier Teilhabekanäle an. Zum einen starten die Generaldirektionen in der Regel öffentliche Konsultationsverfahren im Vorfeld von Gesetzesinitiativen oder anderen nicht legislativen politischen Vorstößen. Zum anderen organisiert sie in den Mitgliedstaaten so genannte BürgerInnendialoge zu aktuellen politischen Fragen. Außerdem können BürgerInnen bei der Kommission Beschwerde gegen Verstöße von Mitgliedstaaten gegen EU-Recht einlegen. Darüber hinaus initiiert die Kommission in manchen Fällen „ExpertInnengruppen", im Rahmen derer die fachliche Expertise von in einem bestimmten Bereich tätigen Akteuren generiert werden soll. In der Praxis bedeutet dies beispielsweise, dass WissenschafterInnen, VertreterInnen von UnternehmerInnen- und ArbeiterInnenseite bzw. ExpertInnen aus der Finanzwirtschaft oder von Nichtregierungsorganisationen zur Vor- oder Nachbereitung von EU-Policies eingeladen werden.

Wahlen auf nationaler Ebene bringen BürgerInnen die Gelegenheit, indirekten Einfluss auf die inhaltliche Ausrichtung und personelle Zusammensetzung des Rates auszuüben. Ebenso sind Urnengänge in den EU-Mitgliedstaaten indirekt dafür verantwortlich, welche Personen in die beratenden Organe des Europäischen Wirtschafts- und Sozialausschusses (EWSA) und des Ausschusses der Regionen (AdR) entsandt werden.

Zusätzlich gibt es eine große Bandbreite an Beschwerdemöglichkeiten bei unterschiedlichen Institutionen. BürgerInnen können bei dem oder der EU-Datenschutzbeauftragten gegen den Missbrauch ihrer personenbezogenen Daten vorgehen, bei dem oder der EU-Bürgerbeauftragten Missstände innerhalb der EU-Institutionen anprangern oder sogar Klage beim Europäischen Gerichtshof (EuGH) einreichen.

Weitere Opportunitätsstrukturen für BürgerInnenbeteiligung auf europäischer Ebene sind die Mitgliedschaft bzw. das aktive Engagement in Parteien, Nichtregierungsorganisationen oder Gewerkschaften, die Registrierung im EU-Transparenzregister und die Teilnahme bei Umfragen im Rahmen des so genannten „Eurobarometers". Zudem können BürgerInnen natürlich auch die VertreterInnen der EU-Institutionen, allen voran die Abgeordneten zum EP, über soziale Netzwerke wie „Facebook" oder „Twitter" bzw. via E-Mail, Telefon oder auf dem normalen Postweg kontaktieren.

7.3 Aktuelle OSCPs in der EU: Ein Überblick

Tabelle III: Aktuelle Typen von OSCPs in der EU

		Inhalt (Policy)			Institution (Polity)
		Agenda-Setting	Entscheidungsfindung	Kontrollmechanismus	
Direkt					*EP-Wahlen**
Indirekt	Aktiv	*EBI** Kontakt mit EU-Institutionen** Petition an das EP* Registrierung im Transparenzregister** *Nationale Wahlen**	*EBI** Öffentliche Konsultationen der Kommission** Online-Fragebögen und Konsultationen des AdR** ExpertInnengruppen der Kommission** BürgerInnendialoge der Kommission** Agora** *Nationale Wahlen** *Registrierung im Transparenzregister***	*EBI** Anrufen des EuGH* Beschwerde bei der EU-Ombudsfrau* Beschwerde bei der EU-Kommission* Beschwerde beim Europäischen Datenschutzbeauftragten* Kontakt mit EU-Institutionen** Petition an das EP* *Nationale Wahlen**	*Nationale Wahlen**
	Passiv	Eurobarometer** Mitgliedschaft in Interessensverbänden und Parteien**			

[Anm.: * Formell; ** Informell; unterstrichen = bindend; nicht unterstrichen = nicht bindend; kursiv = nur für UnionsbürgerInnen; nicht-kursiv = für alle BürgerInnen]

Quelle: Tabelle selbst erstellt auf Basis der Vorlage von Michael Nentwich (1996: Table II).

Die eben aufgezählten derzeit verfügbaren Partizipationskanäle für BürgerInnen wurden in das Klassifikationsschema von Michael Nentwich übertragen (vgl. Nentwich 1996: Table II). Diese aktualisierte Tabelle III soll den derzeitigen Status quo der vorhandenen OSCPs abbilden. Im Unterschied zur ursprünglichen Tabelle von Nentwich wird in Tabelle III dieser Masterarbeit auch die Klassifizierung von zwei weiteren Gegensatzpaaren graphisch vermerkt. Dies soll LeserInnen einen raschen und besseren Überblick zu den Eigenschaften der kategorisierten Teilhabekanäle geben.

Anhand dieses adaptierten Schemas von Michael Nentwich wird klar, wo und wie BürgerInnen im EU-Policy-Cycle eingebunden werden. Die vielschichtigen Beschwerdemöglichkeiten beziehen sich auf die Evaluierungsphase des Policy-Prozesses und sind damit ein Mittel, um die Überarbeitung implementierter Inhalte oder die Initiierung neuer politischer Programme anzuregen.

Im Entscheidungsfindungsprozess haben BürgerInnen auch eine Bandbreite an Partizipationskanälen, welche durch ihre indirekte und nicht-bindende Wirkung jedoch nicht mit unmittelbarer Entscheidungsgewalt gleichzusetzen sind. Im Policy-Cycle ist keine eigene Etappe der Abstimmung über konkrete Inhalte vorgesehen, sondern ausschließlich die Politikformulierungsphase (vgl. Jann, Wegrich 2009: S. 85). Insofern muss betont werden, dass die nach Nentwich als Mittel der Entscheidungsfindung klassifizierten OSCPs im EU-Policy-Cycle zum nichtverbindlichen Teil der Politikformulierung zählen.

Demgegenüber stehen die wenigen Opportunitätsstrukturen für BürgerInnenbeteiligung zur Beeinflussung des Agenda-Setting bzw. zur Definition eines politischen Problems. Vor allem über soziale Netzwerke oder das Petitionsrecht konnten BürgerInnen vor der EBI individuell versuchen, völlig unverbindlich in der Problemdefinitionsphase mitzuwirken.

Insbesondere das Setzen von Themen auf die formale EU-Agenda blieb bisher fast gänzlich in der Hand der europäischen Institutionen, was sich durch die Existenz der EBI geändert hat. Die Europäische Bürgerinitiative kann deshalb als Gegengewicht zur Dominanz jener OSCPs angesehen werden, welche BürgerInnen als Kontrollinstrumente dienlich sind. Neben Kontrollmechanismen ist auch die Bedeutung der Bandbreite an Mitspracherechten wie öffentlichen Konsultationen augenscheinlich.

Diese Konzentration der BürgerInnenbeteiligungschancen auf die Evaluierung und unverbindlichen Politikformulierung im EU-Policy-Prozess wurde mit der Europäischen Bürgerinitiative aufgeweicht. BürgerInnen können so früher und aus eigener Kraft in den Policy-Cycle eingreifen.

8. Die politische Opportunitätsstruktur der EU

Die derzeitige Verfasstheit der politischen Opportunitätsstruktur der Europäischen Union weist im Vergleich zu Nentwichs Analyse von vor rund 20 Jahren größere Potentiale der BürgerInnenbeteiligung auf (vgl. Nentwich 1996: S. 7). Das von Nentwich bemängelte Fehlen einer Möglichkeit, auf das Agenda-Setting auf europäischer Ebene einzuwirken, wird durch die EBI zum Teil korrigiert (vgl. ebda.: S. 8).

Es ist zu einer Verbreiterung und gleichzeitigen Vertiefung jener Kanäle gekommen, mit denen BürgerInnen in Entscheidungsfindungsprozesse auf europäischer Ebene eingebunden werden. Allen voran die in allen Politikbereichen der Kommission abgehaltenen öffentlichen Konsultationsverfahren bringen BürgerInnen größere Chancen, am Policy-Prozess teilzunehmen.

Außerdem wurde durch die Etablierung der UnionsbürgerInnenschaft im Vertrag von Lissabon die Struktur von Europawahlen verändert, sodass UnionsbürgerInnen nun dafür das passive sowie aktive Wahlrecht im jeweiligen EU-Wohnsitzland erhalten. Mit den abgelaufenen Wahlen zum Europaparlament im Mai 2014 wurde darüber hinaus eine zentrale Neuerung eingeführt: Wahlberechtigte konnten erstmals mit ihrer Stimme mitentscheiden, wer PräsidentIn der neuen Kommission werden soll. Diese Neuerung ist aber europarechtlich nicht eindeutig abgesichert und geht vielmehr auf die politische Selbstverpflichtung mehrerer EP-Fraktionen zurück. So wird die Kommission und ihr/e PräsidentIn nicht einfach auf Basis der aus den EP-Wahlen hervorgehenden Mehrheitsverhältnisse zusammengesetzt, sondern entscheidend vom Rat der EU mitbestimmt. Der Rat wiederum versammelt in seiner Rolle als legislatives Organ nationalstaatliche Exekutiven auf europäischer Ebene (vgl. Pollak; Slominski 2012: S. 84). Dadurch entsteht ein enorm komplexer Entscheidungsfindungsprozess bei der Bestellung der EU-Exekutive, welcher für BürgerInnen deutlich schwerer nachzuvollziehen ist als auf nationalstaatlicher Ebene.

Der Kontakt zwischen BürgerInnen und EntscheidungsträgerInnen auf EU-Ebene hat sich qualitativ durch das Aufkommen des Internets und insbesondere der sozialen Netzwerke „Facebook“ und „Twitter“ stark verändert. So können BürgerInnen ihre Anliegen beispielsweise direkt und jederzeit binnen Sekunden an Abgeordnete zum EP oder KommissarInnen herantragen, was natürlich nicht bedeutet, dass diese schlussendlich darauf reagieren (müssen).

Die Europäische Bürgerinitiative wiederum verstärkt die politische Opportunitätsstruktur der EU in zweierlei Hinsicht. Zum einen ist sie eben ein formalisierter Beteiligungskanal, mithilfe dessen BürgerInnen aktiv die Themensetzung auf europäischer Ebene beeinflussen können. Zwar kann dies nur indirekt über die Kommission geschehen, die eine Initiative immer erst hinsichtlich ihrer formalen Zulässigkeit prüfen muss. Trotz dieser bürokratischen Hürde hat es bisweilen kein vergleichbares Instrument gegeben, mithilfe dessen BürgerInnen ihre Forderungen nach Registrierung der Initiative und Erreichen des doppelten Quorums auf die formelle Agenda der Europäischen Kommission setzen konnten.

Das zweite große Potential der Europäischen Bürgerinitiative ergibt sich durch die öffentliche Anhörung der InitiatorInnen vor der Kommission und weiteren wichtigen VertreterInnen anderer EU-Organe bzw. auch durch das persönliche Treffen der InitiatorInnen mit der Kommission. Darüber hinaus haben BürgerInnen das durch die Umsetzungsverordnung 211/2011 zugestandene Anrecht, eine schriftliche Antwort der Kommission zu erhalten. Dieses von UnionsbürgerInnen selbst erkämpfte Recht auf Einbindung in Entscheidungsfindungsprozesse ist ebenfalls eine zentrale Neuerung.

Das Potential der EBI als Instrument zur Themensetzung und Mitsprache auf EU-Ebene hängt also an der zentralen Rolle der Kommission. Insbesondere die von Nentwich bemängelte Beziehung zwischen BürgerInnen und der Kommission wird so interaktiver (vgl. Nentwich 1996: S. 8).

Das alles darf natürlich nicht darüber hinwegtäuschen, dass aus einer erfolgreichen EBI trotzdem keine Gesetzesinitiative folgern muss. BürgerInnen haben weiterhin kein Recht auf europaweite Abstimmungen oder die Möglichkeit, Gesetze selbst zu initiieren. Im Allgemeinen fehlt es an direkten und bindenden Kanälen der politischen Einflussnahme in inhaltlichen Fragen. Mit den Wahlen zum Europäischen Parlament existiert nämlich lediglich ein derartiges Instrument zur direkten und bindenden politischen Partizipation auf europäischer Ebene. Einflussnahme auf der Policy-Ebene ist also insofern immer noch indirekter Natur, während mit den EP-Wahlen zumindest ein direkter Partizipationskanal auf der Polity-Ebene besteht.

Alles in allem bleibt die politische Opportunitätsstruktur in der EU trotz Einführung der EBI relativ schwach ausgeprägt. Schließlich ist auch die EBI ein für „einfache" UnionsbürgerInnen schwer zugängliches Instrument. Die Unterzeichnung eines Anliegens ist mit geringen Hürden verbunden, während die Initiierung und Durchführung einer EBI unter anderem große finanzielle und organisatorische Ressourcen erfordert (vgl. Quittkat 2012: S. 78). Diese strukturellen Probleme können von großen Nichtregierungsorganisationen oder Gewerkschaften, welche sowohl vor Ort in Brüssel organisiert sind und ein Netzwerk von Mitgliedern und UnterstützerInnen in den Nationalstaaten haben, besser gemeistert werden. Für „einfache", nicht organisierte UnionsbürgerInnen kann womöglich schon die Aufstellung des BürgerInnenausschusses mit Personen aus sieben verschiedenen EU-Mitgliedstaaten eine unüberwindbare Hürde darstellen (vgl. Quittkat 2012: S. 78).

So kann trotz der zunehmenden Existenz von inklusiven Kanälen wie der EBI, öffentlichen Online-Konsultationen oder des Kontakts zwischen EU-EntscheidungsträgerInnen und BürgerInnen über soziale Netzwerke die POS der EU weiterhin als vorwiegend exklusiv bezeichnet werden (vgl. Kriesi et al. 1992: S. 222–223 in Nentwich 1996: S. 8).

Die Analyse der vorhandenen OSCPs auf europäischer Ebene zeigt auf, dass die Europäische Kommission die politische Opportunitätsstruktur in der EU maßgeblich prägt. Insbesondere das breite Spektrum an Mitteln der indirekten Partizipation von BürgerInnen in inhaltlichen Fragen steht in engem Verhältnis zur zentralen Rolle der Kommission im EU-Gesetzgebungsprozess.

Die EBI bringt lediglich verstärkte Elemente partizipativen Regierens ins Spiel, was sich an der weiterhin bedeutenden Rolle der Kommission zeigt (vgl. Kohler-Koch 2011c: S. 244). BürgerInnenbeteiligung wird also in vielen Fällen überhaupt erst durch den Willen der Kommission ermöglicht, falls diese gegenüber einem vorgebrachten Anliegen positiv gestimmt ist. In anderen Worten bedeutet dies, dass Grad sowie Ausprägung der Einflussnahme von BürgerInnen auf europäischer Ebene stark von der politischen Position der jeweils regierenden Europäischen Kommission abhängen.

Beate Kohler-Koch hat mit ihrer Theorie vom Konsultationsregime der Kommission versucht, die Rolle der selbigen im Policy-Prozess auf EU-Ebene zu erklären (vgl. Quittkat; Kohler-Koch 2011). Dieser Ansatz umfasst eine historische Analyse der Frage, wen die Kommission warum im Vorfeld von Gesetzgebungsverfahren oder nicht legislativen politischen Vorhaben auf welche Art und Weise einbindet. Ihr zufolge bedeutet BürgerInnenbeteiligung auf EU-Ebene in der Regel das themenspezifische Leisten von inhaltlichen Vorschlägen für Vorhaben der Kommission. Schlussendlich entscheidet aber dann die Kommission selbst, welche Inputs als relevant erachtet werden (vgl. Quittkat; Kohler-Koch 2011).

Wie in den folgenden Kapiteln dargelegt wird, kann die Europäische Bürgerinitiative als eine stark mit diesem Konsultationsregime verbundene Euro-OSCP gesehen werden. Die Verwendung von Kohler-Kochs Generationen des Konsultationsregimes der Kommission ist insofern wichtig für die theoretische Einbettung dieses Buches, weil sie Nentwichs politisch-rechtliche Schematisierung der unterschiedlichen Partizipationsmöglichkeiten von BürgerInnen auf EU-Ebene um eine historische Dimension erweitert, mithilfe derer insbesondere die zentrale Rolle der Kommission verstanden werden kann.

9. Das Konsultationsregime der Europäischen Kommission

Obwohl mit dem Vertrag von Lissabon die so genannten „delegierten Rechtsakte" eingeführt wurden, besitzt die Europäische Kommission de facto immer noch das alleinige Initiativrecht im Gesetzgebungsprozess der Europäischen Union. Durch ihre Rolle als „Hüterin der Verträge" ist die Kommission auf europäischer Ebene dem Bereich der Exekutive zuzuordnen. Sie überwacht die Einhaltung des Europarechts durch die Mitgliedstaaten der Union und veranlasst gegebenenfalls Vertragsverletzungsverfahren beim Europäischen Gerichtshof in Luxemburg (vgl. Pollak; Slominski 2012).

Im Gegensatz zum Verständnis von Staatlichkeit auf nationaler Ebene hat die Kommission aber mit dem Gesetzesinitiativrecht auch einen Kompetenzbereich der Legislative inne, sodass die Gewaltentrennung im politischen System der Europäischen Union diesbezüglich schwächer ausgeprägt ist, als beispielsweise in den EU-Mitgliedsländern (vgl. ebda.).

Mit ihrem theoretischen Ansatz der Generationen des Konsultationsregimes der Kommission streicht Kohler-Koch diese spezielle Funktion der Kommission im institutionellen Gefüge der Union heraus. Ausgehend davon analysiert Kohler-Koch, welche Akteure die Kommission wie auf europäischer Ebene einbindet (vgl. Quittkat; Kohler-Koch 2011). Dabei konstatiert sie eine schrittweise Entwicklung von der anfänglichen Einbindung einzelner ExpertInnen hin zu breiten öffentlichen Konsultationsprozessen, bei denen alle BürgerInnen partizipieren können. Historisch betrachtet ist dies Ausdruck eine Strategie der Kommission, ihren eigenen Vorhaben durch die Berücksichtigung der Anliegen unterschiedlicher AkteurInnen Legitimität zu verschaffen (vgl. Kohler-Koch; Finke 2007/Quittkat; Kohler-Koch 2011).

Insofern benützt Kohler-Koch eben den Begriff „Konsultation". Dadurch soll verdeutlicht werden, dass es sich hierbei zwar um stark mit Entscheidungsfindungen verbundene Prozesse handelt, aber „die Konsultation ein von der Europäischen Kommission gesteuerter Prozess" ist (Quittkat; Kohler-Koch 2011: S. 74). So gesehen hat die Kommission also nicht nur das Initiativmonopol im EU-Gesetzgebungsprozess, sondern auch das Initiativrecht beim Lancieren von Konsultationsverfahren im Vorfeld zu etwaigen Gesetzesvorhaben.

Mit der Bezeichnung „Generation“ verdeutlicht Kohler-Koch den Umstand, dass es sich hierbei um aufeinanderfolgende Entwicklungen handelt, welche jedoch nicht direkt ineinander übergehen, sondern bisweilen parallel existieren. „Generation“ soll auch die Beständigkeit und Fortdauer unterschiedlicher Konsultationsstrategien begrifflich besser fassen (vgl. Kohler-Koch; Finke 2007: S. 209).

Von „Regime“ wird gesprochen, um die Formalisierung der Beziehungen zwischen der Kommission und konsultierten Akteuren anhand spezifischer Prinzipien, Normen, Regeln und Verfahren zu charakterisieren (vgl. Kohler-Koch; Finke 2007: S. 206).

9.1 Erste Generation: Beratung

In den 1960er und 1970er Jahren forcierte die Kommission die Strategie, punktuell wissenschaftliche und wirtschaftliche Expertise im Rahmen informeller ad-hoc-Treffen einzuholen. Informell hat in diesem Zusammenhang aber eine andere Bedeutung als bei den Dimensionen der OSCPs. Kohler-Koch meint damit hauptsächlich den inoffiziellen Charakter dieser Treffen. Formal wiederum soll den Umstand bezeichnen, wenn Regeln für die Abläufe und Folgen derartiger Prozesse bestehen.

Zu den berücksichtigten Akteuren zählten nicht nur einschlägige ExpertInnen aus der Wissenschaft, sondern insbesondere Interessensvertretungen der Landwirtschaft bzw. von UnternehmerInnen und ArbeiterInnenseite. Mithilfe ihrer vereinzelten Teilhabe wollte die Kommission die Legitimität von Entscheidungen auf EU-Ebene und damit ihre eigene Position stärken (vgl. Kohler-Koch 2011c: S. 269/Kohler-Koch; Finke 2007: S. 209/Quittkat; Kohler-Koch 2011: S. 77–78).

Die Kommission versuchte in diesem Zusammenhang speziell die Qualität ihrer Vorschläge zur Harmonisierung des Binnenmarkts zu erhöhen. Die bilateralen Treffen mit einer Handvoll Interessensgruppen waren aufgrund ihres grundsätzlich informellen Charakters besonders vorteilhaft für die Kommission, da sie keinerlei Rechenschaft über die Auswahl der konsultierten Akteure ablegen musste (vgl. Kohler-Koch; Finke 2007: S. 209). Außerdem wurde in der Regel öffentlich nicht kommuniziert, worüber bei diesen ad-hoc-Beratungstreffen überhaupt gesprochen wurde.

„Gewöhnliche" BürgerInnen aus den EU-Mitgliedstaaten erfuhren also keine direkten Teilhabechancen während dieser ersten Generation des Konsultationsregimes, weil die Zielgruppe ausschließlich Personen oder Organisationen umfasste, welche aufgrund ihrer fachlichen Qualifikationen in einem Themenfeld zum Kreis ausgewählter ExpertInnen zählten. Jedoch war der Anspruch der Kommission an diese erste Konsultationsstrategie auch gar nicht die bessere Einbindung aller BürgerInnen der damals noch existierenden Europäischen Gemeinschaften, sondern die Überlegung, eine Art anlassbezogene, elitäre Austauschbeziehung mit wirtschaftlichen und wissenschaftlichen ExpertInnen zu etablieren. Der eingeholte Sachverstand sollte unter anderem dienlich sein, um „gegen den gelegentlichen Widerstand der nationalen Regierungen den Ausbau der europäischen Wirtschaftsgemeinschaft voranzutreiben" (vgl. Quittkat; Kohler-Koch 2011: S. 77).

9.2. Zweite Generation: Partnerschaft

In der darauffolgenden Generation adaptierte die Kommission ihre Konsultationsstrategie hin zu einem multilateralen Ansatz, indem sie das Spektrum an berücksichtigten Akteuren verbreiterte. Einerseits wurde die strukturelle Einbindung der europäischen Sozialpartner im Rahmen des „Sozialen Dialogs" und andererseits die Etablierung einer kontinuierlichen Gesprächsbasis mit weiteren zivilgesellschaftlichen Akteuren im „zivilen Dialog" umgesetzt (vgl. Kohler-Koch; Finke 2007: S. 210/ Quittkat; Kohler-Koch 2011: S. 78–79/Europäische Union 2012b: Art. 152).

In den 1980er Jahren wurden diesbezüglich wichtige Reformen vonseiten der Kommission unter dem damaligen Präsidenten Jacques Delors vollzogen. So kam es 1985 zu einem erstmaligen Zusammentreffen der europäischen Sozialpartner zur Diskussion der sozialen Dimension der Binnenmarktharmonisierungen (vgl. Kohler-Koch; Finke 2007: S. 210). Daraus ist im weiteren Verlauf der „Soziale Dialog" entstanden, welcher 1987 Einkehr in die „Einheitliche Europäische Akte" fand und im Jahre 1992 sogar im Maastricht-Vertrag rechtlich verankert wurde (vgl. ebda.: S. 210).

Der Dialog mit den Vertretungen von UnternehmerInnen und ArbeiterInnen wurde schon im Rahmen der ersten Generation gelebt, jedoch

Ende der 1980er Jahre durch den neuen partnerschaftlichen Zugang der Kommission stärker institutionalisiert und formalisiert. Die zentralen Veränderungen zur ersten Generation bestanden auch in der dezidierten Inklusion einer Bandbreite an zivilgesellschaftlichen Akteuren und im höheren Formalisierungsgrad ihres Verhältnisses zur Kommission. So wurden erstmals NGOs eingebunden, welche nicht zum Kreis der von bestimmten Gesetzesvorhaben direkt Betroffenen zählten, jedoch beispielsweise zu menschenrechtlichen Fragen oder der Gleichberechtigung von Männern und Frauen arbeiteten. Durch eine erhöhte Akteurs-Vielfalt sollte der Anfang der 1990er leicht bröckelnde so genannte „permissive Konsens" zur europäischen Integration wieder besser abgesichert werden (vgl. Kohler-Koch; Finke 2007: S. 210/Quittkat; Kohler-Koch 2011: S. 79/Pollak; Slominski 2012: S. 173/Wessels 2008: S. 489). Insbesondere der 1996 eingeführte zivile Dialog im arbeits- und sozialpolitischen Bereich ist hier als ein zentrales Beispiel zu nennen (vgl. Kohler-Koch; Finke 2007: S. 210). Unter dem Begriff des „permissiven Konsenses" ist in diesem Zusammenhang zu verstehen, dass der Rückhalt in der Bevölkerung für die europäische Integration in erster Linie eine Art Vertrauensvorschuss ist. Werden aber politische Versprechen wie mehr Wirtschaftswachstum oder ein allgemein höherer Lebensstandard nicht eingehalten, tendieren BürgerInnen dazu, ihre „geliehene Zustimmung" (Wessels 2008: S. 489) zu diesem „Elitenprojekt" (Pollak; Slominski 2012: S. 173) zu verweigern.

Die Strategie einer Verbreiterung des konsultierten Akteurs-Spektrums wie beim zivilen Dialog wurde vonseiten der Kommission als ein probates Mittel gesehen, der zunehmend kritischen Haltung in den Mitgliedsländern gegenüber verstärkten Integrationsbestrebungen entgegen zu treten (vgl. Kohler-Koch; Finke 2007: S. 210). Zwar waren „gewöhnliche" BürgerInnen weiterhin nicht unmittelbar Teil der Zielgruppe der Konsultationsverfahren, aber ihre indirekten Teilhabechancen wurden durch die stärkere Akteurs-Vielfalt insgesamt erhöht. So konnten BürgerInnen fortan die Mitgliedschaft in bestimmten NGOs als Sprungbrett für bessere Partizipationsmöglichkeiten betrachten.

Von zentraler Bedeutung waren die veränderten Motive der Kommission. Grund für verstärkte Konsultationen war eben prinzipiell nicht mehr allein das Einholen von fachlicher Expertise für etwaige Gesetzesinitiativen. Die Sinnhaftigkeit und Notwendigkeit von Konsultationsprozessen wurde weniger auf Basis eines technokratischen Regierungsverständnisses argumentiert. Vielmehr sollte die Einbindung breiterer zivilgesellschaftlicher Gruppierungen in den EU-Mitgliedstaaten für mehr Akzeptanz von Vorschlägen aus Brüssel sorgen (vgl. Kohler-Koch; Finke 2007: S. 210).

Mit der „Social Platform“ existiert seit Mitte der 1990er Jahre auch ein EU-weites Netzwerk von NGOs, welche sich dem Thema der sozialen Gerechtigkeit verschrieben haben. Diese Plattform wird unter anderem mit Kommissionsgeldern finanziert und dient als zentrale/r DialogpartnerIn für die EU-Institutionen bei Fragen zu sozialen Dimensionen der EU.[19]

Die Kommission startete zudem weitere Finanzierungsprogramme zur Unterstützung „gemeinnütziger europäischer Interessensverbände“ (Quittkat; Kohler-Koch 2011: S. 79).

Die einzige Veränderung hin zu einer besseren Einbindung aller BürgerInnen der damaligen Europäischen Gemeinschaften (nach dem Maastricht-Vertrag: Europäische Union) abseits ihrer Organisierung in NGOs war die neu eingeführte öffentliche Zugänglichkeit von EU-Dokumenten (vgl. ebda.: S. 79). Doch dieser Vorstoß hat in einer Zeit vor der digitalen Dokumentation und Verfügbarkeit aller wichtigen Dokumente de facto natürlich nur einen minimal erleichterten Informationszugang für alle BürgerInnen bedeutet.

9.3 Dritte Generation: Partizipation

Der Beginn der dritten Generation des Konsultationsregimes kann mit der Veröffentlichung des Weißbuchs „Europäisches Regieren“ durch die Kommission im Jahre 2001 datiert werden (vgl. Europäische Kommission 2001).

Als „Weißbuch“ wird ein Dokument bezeichnet, mit dem die Kommission Reformvorstöße in einem bestimmten Themenfeld vorbereitet. Ein spezifisches Problem wird angesprochen und potentielle Vorschläge vonseiten der Kommission in einer Publikation zusammengefasst. Die konkrete inhaltliche Ausgestaltung der inhaltlichen Anregungen ist aber

---

19) Social Platform (2014): Online verfügbar unter: http://www.socialplatform.org; abgerufen am 15. Dezember 2014.

in der Praxis Gegenstand anschließender politischer Diskussionen (vgl. Nentwich 1996: S. 9).

> *„Die von der Kommission veröffentlichten Weißbücher enthalten konzeptionelle Vorschläge zu bestimmten Politikbereichen. Sie knüpfen zum Teil an Grünbücher an, die einen Konsultationsprozess auf europäischer Ebene in Gang setzen." (Pollak; Slominski 2012: S. 258).*

Das Weißbuch „Europäisches Regieren" ist eine Art Leitfaden dafür, wie Entscheidungsfindungsprozesse auf europäischer Ebene anhand der fünf Prinzipien „guten Regierens" reformiert werden können. Dazu zählen Offenheit, Partizipation, Verantwortlichkeit, Effektivität und Kohärenz (vgl. Europäische Kommission 2001: S. 7).

In diesem Weißbuch manifestiert sich ein klarer Wandel in der Terminologie und im strategischen Ansatz der Kommission hinsichtlich der Frage, welche Interessen eingebunden werden sollen. So wurde erstmals direkt die Zivilgesellschaft (ZG) als solche angesprochen und eine Definition der selbigen vorgenommen (vgl. Kohler-Koch; Finke 2007: S. 211/Quittkat, Kohler-Koch 2011: S. 81).

9.4 „Zivilgesellschaft" im Konsultationsregime

Unter ZG versteht die Kommission ein breites Spektrum an Akteuren, zu denen unter anderem Kirchen, NGOs, Gewerkschaften und Wirtschaftsverbände zählen (vgl. Knodt 2005: S. 185).

> *„Die Zivilgesellschaft umfasst folgende Elemente: Gewerkschaften und Arbeitgeberverbände („Sozialpartner"), Nichtregierungsorganisationen, Berufsverbände, gemeinnützige Einrichtungen, gesellschaftliche Basisgruppen, Organisationen, über die sich die Bürger am lokalen und kommunalen Leben beteiligen, insbesondere Kirchen und Religionsgemeinschaften."* (Kommission der Europäischen Gemeinschaften 2001: S. 11, Fußnote 9)

Nach diesem Verständnis ist die Zivilgesellschaft für die Kommission ein Sammelbegriff für eine „Vielzahl von Interessensgruppen, die sich im europäischen Raum tummeln" (Kohler-Koch 2004: S. 432). Die Definition des Begriffs Zivilgesellschaft erfolgt vor allem über eine Aufzählung unterschiedlicher Typen nicht-staatlicher Organisationen, sodass BürgerInnen nicht unmittelbar angesprochen werden. Vielmehr geht es der Kommission um eine Einbindung der so genannten „organisierten Zivilgesellschaft“ (Kohler-Koch 2011a: S. 33), also einer aggregierten Form von BürgerInneninteressen (vgl. Kohler-Koch 2011b).

> *„Das will heißen: organisierte Zivilgesellschaft umfasst die Gesamtheit jener auf privater Initiative beruhenden, nicht-staatlichen Organisationen und ihre Mitglieder, die (…) durch ihre Aktivität an der Gestaltung der öffentlichen Angelegenheiten mitwirken.“* (Jansen 2005: S. 161)

Auf Basis dieser Gleichsetzung von Zivilgesellschaft mit zivilgesellschaftlichen Organisationen durch die Kommission wurde der Partizipation der selbigen im politischen System der EU anhand der Prinzipien Offenheit, Transparenz und Inklusivität fortan größere Aufmerksamkeit geschenkt. Zu diesem Zwecke wurde auch eine Bandbreite an neuen Instrumenten eingeführt (vgl. Kohler-Koch; Finke 2007: S. 211). Dazu zählen unter anderem die freiwillige Online-Datenbank CONECCS zur Registrierung von zivilgesellschaftlichen Interessensgruppen, aus der im Rahmen der Europäischen Transparenzinitiative (ETI) der Kommission das Transparenzregister entstanden ist (vgl. Europäische Union 2011b). Des Weiteren wurden nach Veröffentlichung des besagten Weißbuchs öffentliche Konsultationen über das Internet ins Leben gerufen, bei denen auch einzelne BürgerInnen Gesetzesvorhaben kommentieren können (vgl. Quittkat; Kohler-Koch 2011: S. 79).

Dadurch erwartet sich die Kommission erhöhte Legitimität der Politikgestaltung auf EU-Ebene (vgl. Kohler-Koch 2011c: S. 247). Die Einbindung von BürgerInneninteressen soll aber nicht nur die Akzeptanz einzelner Policies erhöhen, sondern insgesamt die Zustimmung zur europäischen Integration positiv beeinflussen. Diese Strategie zeugt von einem integralen Verständnis vom europäischen Staatsprojekt (vgl. Buckel et al. 2012: S. 15). Die Zivilgesellschaft wird nicht als eine vernachlässigbare außerstaatliche Sphäre gesehen, sondern als zentral für die Absicherung der bestehenden Herrschaftsverhältnisse auf der europäischen Ebene des EU-Mehrebenensystems begriffen. Im zivilgesellschaftlichen Bereich wird der Konsens für die Zustimmung zur Europäischen Union durch Zugeständnisse und politische Einbindung ausgehandelt.

Der italienische Marxist Antonio Gramsci hat diese Rolle der Zivilgesellschaft in staatlichen Herrschaftsverhältnissen in seiner prägnanten

Formel zusammengefasst: „In dem Sinne könnte man sagen, (…) Staat = politische Gesellschaft + Zivilgesellschaft, das heißt, Hegemonie, gepanzert mit Zwang“ (Gramsci 1991, Heft 6, § 88: S. 783). Macht wird nicht nur über Zwang in Form von staatlicher Gewalt, sondern vielmehr über Konsensbildung ausgeübt (vgl. Demirović 2007: S. 24). „Die spezifische Art und Weise der Herrschaftsausübung in der Zivilgesellschaft ist die Hegemonie. Der Staat darf also nicht auf die gesetzesförmige Anwendung öffentlicher Zwangsmittel reduziert werden“ (ebda.: S. 25).

Die vonseiten der Kommission forcierte politische Teilhabe von BürgerInnen, vermittelt vor allem über Gewerkschaften und NGOs, ist aus genau dieser Perspektive zu betrachten. Sie soll für erhöhte zivilgesellschaftliche Zustimmung zu politischen Vorstößen der Kommission bzw. zum Projekt „Europäische Union“ sorgen.

Während in den beiden ersten Generationen des Konsultationsregimes noch verstärkt auf das Einholen von Expertise gesetzt wurde, sollen EU-Policies ihre Legitimität nun durch intensivere Einbindung von BürgerInnen mittels unterschiedlichster zivilgesellschaftlicher Organisationen erfahren. Diese auf Konsens und Zustimmung beruhende Strategie eröffnet Teilhabechancen vor allem in jenen Abschnitten des Policy-Prozesses, wo politische Inhalte ausgehandelt bzw. implementierte Programme evaluiert werden.

Es muss aber auch noch kritisch angemerkt werden, dass es keine einheitliche Definition der Kriterien gibt, wer überhaupt als zivilgesellschaftliche Organisation gilt. Dieser Aspekt erfährt unterschiedliche Deutungsmöglichkeiten und ist selbst Gegenstand kritischer Diskussionen (vgl. Kohler-Koch 2011b/2012). Gleiches betrifft die Frage der demokratiepolitischen Legitimation zivilgesellschaftlicher Organisationen (vgl. ebda. 2012: S. 243/245/248).

9.5 Die drei Generationen im Überblick

Zusammenfassend basierte die erste Generation des EU-Konsultationsregimes auf einem technokratischen Verständnis von Politik, mithilfe dessen ein hierarchisches Verhältnis zwischen der Kommission und ausgewählten fachlich versierten ExpertInnen aus Wirtschaft und Wissenschaft entstanden ist. Darauf folgte die Prämisse einer verstärkten partnerschaftlichen Zusammenarbeit mit einem breiteren Akteurs-Spektrum, zu dem auch erstmals NGOs zählten. Doch weiterhin entschied die Kommission, in welchem Themenfeld, welche Art von Dialog mit welchen AkteurInnen angestoßen werden sollte (vgl. Kohler-Koch; Finke 2007: S. 211).

Die dritte Generation wiederum symbolisiert den Wandel hin zu einer breiten Einbindung zivilgesellschaftlicher Organisationen bzw. prinzipiell aller BürgerInnen in der EU. Konsultationen sollen nun in der Regel nicht mehr einer Effizienzsteigerung von EU-Gesetzesinitiativen dienen, sondern dem Erreichen breiter Zustimmung zu politischen Vorhaben auf europäischer Ebene (vgl. ebda.: S. 212). Es geht also nicht nur um das Generieren von fachlicher Expertise, sondern insbesondere auch um die demokratische Legitimität von EU-Politik. Kohler-Koch hat zur besseren Veranschaulichung ihrer Analysen eine Tabelle mit den charakteristischen Eigenschaften der unterschiedlichen Generationen erstellt.

Tabelle IV: Generation des Konsultationsregimes der Kommission

Generationen/ Kriterien	**Beratung (1960–1980)**	**Partnerschaft (1980–2000)**	**Partizipation (seit ca. 2000)**
Verhältnis staatliche – nicht-staatliche Akteure	Hierarchie	Partnerschaft auf Einladung	Unbeschränkte Partnerschaft
Anwendungsbereich	Gemeinsamer Markt	Wirtschaftspolitische Regulierung, sozialer Dialog, Struktur- und Regionalpolitik	Alle Politikfelder, Zukunftsentwicklung der Union
Gesellschaftliche Adressaten	Organisierte Wirtschaftsinteressen	Organisierte Wirtschaftsinteressen, Sozialpartner, betroffene Interessen vor Ort	Gesamte Bandbreite gesellschaftlicher, sektoraler und allgemeiner Interessen
Verfahren	Informelle Ad-hoc-Konsultationen Bilateral Zugangschance abhängig von Kommissionsinteressen und Ressourcen	Projektgebundene Beteiligung Multilateral Erleichterung des Zugangs durch gezielte Einladung und finanzielle Unterstützung seitens der Kommission	Verpflichtung zur Konsultation Interaktiv Leichte Zugänglichkeit dank neuer Kommunikationstechniken

Generationen/ Kriterien	Beratung (1960–1980)	Partnerschaft (1980–2000)	Partizipation (seit ca. 2000)
Grad der Formalisierung	Niedrig	Selektiv	Allgemein umfassend
Ebene	EU-Ebene	Ebenenübergreifend	Transnational

Quelle: Quittkat; Kohler-Koch 2011: S. 82, Tabelle 1

9.6 Die EBI im Konsultationsregime

Die Europäische Bürgerinitiative begründet im Kontext dieser dritten Generation einen neuen Pfad hin zur stärkeren Berücksichtigung von BürgerInneninteressen im Rahmen des Konsultationsregimes der Europäischen Kommission (vgl. Kohler-Koch; Finke 2007: S. 211/Quittkat; Kohler-Koch 2011: S. 80).

Mit der EBI wird eine unmittelbarere Beziehung zwischen individuellen BürgerInnen und der Kommission hergestellt. Bisher wurden Konsultationsprozesse immer von der Kommission auf Basis ihrer politischen Selbstverpflichtung angestoßen und haben sich an ExpertInnen oder bestimmte Organisationen wie Wirtschaftsverbände, Gewerkschaften oder NGOs gewendet. Durch die EBI wird aber nun für alle BürgerInnen die theoretische Möglichkeit geschaffen, sich im Rahmen einer Europäischen Bürgerinitiative ein Mitspracherecht selbst zu erkämpfen (vgl. Quittkat; Kohler-Koch: S. 85). Das Mitspracherecht manifestiert sich in diesem Zusammenhang im direkten Treffen der InitiatorInnen einer erfolgreichen EBI mit der Kommission und der Anhörung im Parlament. UnionsbürgerInnen, die eine EBI unterstützt haben, können dieses Mitspracherecht jedoch lediglich über den BürgerInnenausschuss erlangen, der die gesamte Initiative als repräsentatives Organ vertritt.

Die themenspezifischen öffentlichen Online-Konsultationen bergen diesbezüglich nicht das gleiche Partizipationspotential in sich, da sie nur eine von der Kommission angestoßene unverbindliche Online-Umfrage in bestimmten Politikbereichen sind. Zudem fehlt es bei Online-Konsultationen oftmals an ausreichendem Feedback der Kommission für alle eingegangenen Kommentare (vgl. Knodt 2005: S. 194). Vielmehr werden selektiv inhaltliche Anregungen berücksichtigt, eine tiefgreifende Interaktion mit dem Großteil der TeilnehmerInnen aber vermieden.

Darüber hinaus gibt es je nach Generaldirektion und Themenfeld Unterschiede in der tatsächlichen Durchführung einer öffentlichen Konsultation. Während teilweise das Einsenden von persönlichen E-Mails durch BürgerInnen mit ihren Anliegen gestattet ist, wird in anderen Fällen das Ausfüllen eines vorgefertigten Online-Fragebogens verlangt.[20]

Das Instrument der EBI hingegen geht über eine unverbindliche Konsultation hinaus. Sie wird – wie der Name schon sagt – von BürgerInnen initiiert und nicht von der Kommission ins Leben gerufen. So handelt es sich in Bezug auf die EBI weniger um Elemente partizipativ-demokratischer Natur, als eher um Charakteristika „partizipativen Regierens" (Kohler-Koch 2011c: S. 244), da sie kein Referendum ermöglicht, sondern Ausdruck eines elaborierteren Konsultationsmechanismus ist.

Dieser den fünf Prinzipien des „Weißbuch Regierens" entspringende partizipative Ansatz ändert nichts daran, dass die Europäische Union in ihrem Anspruch ein repräsentativ-demokratisches System ist, welches partizipative Elemente im Unterschied zum schlussendlich verworfenen EU-Verfassungsvertrag nur ergänzend inkludiert (vgl. Jansen 2005: S. 163). Genau das wird auch dezidiert in der Mitteilung der Kommission zu den Mindeststandards für Konsultationen festgehalten:

> *„Somit besteht kein Widerspruch zwischen umfassenden Anhörungen und dem Begriff der repräsentativen Demokratie. Allerdings versteht sich von selbst, dass die Beschlussfassung in der EU in erster Linie durch die gewählten Vertreter der europäischen Bürger legitimiert ist.“* (Kommission der Europäischen Gemeinschaften 2002: S. 4/II/Absatz 4)

Dieses Herrschafts-Verständnis deckt sich mit dem grundsätzlichen Ansatz der Kommission, die Einbindung eines breiten Spektrums an Interessen zu bejahen, damit aber nicht „partizipative Demokratie im Sinne direkter Selbstbestimmung" (Kohler-Koch 2011c: S. 245) von BürgerInnen zu meinen (vgl. Knodt 2005: S. 181). Es ging der Kommission im Wesentlichen um eine merkliche Stärkung der Legitimität des europäischen Integrationsprojekts als solches bzw. ihrer eigenen inhaltlichen

---

20) Europäische Kommission (2014g): Ihre Stimme in Europa! Zuletzt aktualisiert am 30. Juni 2014. Online verfügbar unter: http://ec.europa.eu/yourvoice/index_de.htm; abgerufen am 7. August 2014.

Vorschläge (vgl. Kohler-Koch 2012: S. 239). Insofern ist die EBI als Instrument „partizipativen Regierens" Teil der dritten Generation des Konsultationsregimes, wenngleich sie die Konsultationspraxis durch eine neue, verbindlichere Beziehung zwischen BürgerInnen und der Kommission qualitativ stark verändert.

In den diversen Generaldirektionen (GD) der Kommission wurde die dritte Generation des Konsultationsregimes unterschiedlich verwirklicht (vgl. Quittkat; Kohler-Koch 2011: S. 91). Die Generaldirektion für Binnenmarkt und Dienstleistungen, in deren Kompetenzbereich unter anderem die von „right2water" kritisierten Liberalisierungen öffentlicher Dienstleistungen fallen, bindet beispielsweise hauptsächlich wissenschaftliche und wirtschaftliche ExpertInnen ein. „Zudem sucht man auf der Homepage der GD Binnenmarkt vergeblich nach dem Begriff Zivilgesellschaft oder einem Link zu für diesen Politikbereich relevanten NRO[21], was als Synonym zum englischen Ausdruck „Non Governmental Organization" (NGO) zu verstehen ist. Zum Zwecke einer einheitlichen Lesbarkeit wird in weiterer Folge auf die Abkürzung „NRO" verzichtet und ausschließlich „NGO" herangezogen, da dieses Akronym in der politikwissenschaftlichen Literatur gebräuchlich ist." (Ebda.)

Beteiligungschancen für ein breiteres Spektrum an zivilgesellschaftlichen Akteuren bzw. für Individuen und zivilgesellschaftliche Organisationen gibt es in der Regel in jenen Generaldirektionen, welche sich durch diese intensivere Zusammenarbeit Erfolge für ihre eigene Arbeit versprechen (vgl. Quittkat; Kohler-Koch 2011: S. 96). Die unvollständige Realisierung der dritten Generation des Konsultationsregimes weist verschiedene Facetten auf. Erstens besteht eine große Diskrepanz zwischen dem von der Kommission ausgesprochenen und tatsächlichen Zweck von Konsultationen. Während verstärkte demokratische Zustimmung zu politischen Prozessen auf EU-Ebene „immer wieder rhetorische Bezugspunkte sind" (ebda.: S. 97), steht für die Kommission oftmals noch erhöhte Legitimität durch eine effizienzorientierte Politik im Fokus.

Zweitens gibt es de facto kein einklagbares Recht auf Konsultationen, sondern lediglich eine Art politischer Selbstverpflichtung durch die

21) Kohler-Koch verwendet an dieser Stelle die Abkürzung NRO des deutschsprachigen Begriffs „Nichtregierungsorganisation".

Kommission, weshalb Generaldirektionen unterschiedliche Vorgehensweisen wählen können. Insofern liegt es in der Hand der Kommission festzulegen, in welchen Bereichen sie Konsultationen startet (vgl. Quittkat; Kohler-Koch 2011: S. 97). So kann beispielsweise auf öffentliche Konsultationen verzichtet und stattdessen eine ExpertInnengruppe eingesetzt werden. Die Europäische Kommission greift systematisch auf diese so genannten ExpertInnengruppen zurück, welche im Prozess der Entwicklung von Gesetzesinitiativen wichtige inhaltliche Inputs liefern sollen (vgl. Sabido 2013). Die breite Masse der UnionsbürgerInnen wird von diesem Teilhabekanal prinzipiell ausgeschlossen. Im Gegensatz dazu sitzen hauptsächlich VertreterInnen von Wirtschaftsverbänden und der Finanzindustrie, welche in der jeweils zu behandelnden Thematik als ExpertInnen gelten, in diesen beratenden Gremien der Kommission (vgl. ebda.: S. 11).

Die EBI ist durch ihre Einsetzbarkeit in allen Kompetenzbereichen der Kommission gleichzeitig ein Mittel, um etwaige Diskrepanzen zwischen formaler und faktischer Verwirklichung der dritten Generation des Konsultationsregimes in den diversen GD auszugleichen. Sollten BürgerInnen in manchen Themenfeldern von der Kommission nicht ausreichend konsultiert werden, können sie sich ein GD-übergreifendes Mitspracherecht eigenmächtig erstreiten (vgl. Quittkat; Kohler-Koch 2011: S. 97). Selbst wenn eine GD umfassende Konsultationen praktiziert oder bestimmten Akteuren andere tiefgreifende Mitwirkungsmöglichkeiten (bspw. durch ExpertInnengruppen) gegeben sind, kann die EBI theoretisch gesehen nützlich sein, da sie einen zusätzlichen Kanal der Einflussnahme eröffnet.

Dieser neue Kanal eröffnet sich wiederum im Gegensatz zu ExpertInnengruppen allen UnionsbürgerInnen. Diese können eine EBI sowohl aktiv ins Leben rufen, als auch „nur" durch ihre Unterschrift unterstützen. Somit dient die EBI BürgerInnen als alternative Methode des Agenda-Settings auf EU-Ebene, was schließlich neben der historisch gewachsenen Output-Fokussierung in der EU eine neue Möglichkeit eröffnet, Input-Legitimität für EU-Politik zu erreichen (vgl. Strulens 2011: S. 82–84). Der permissive Konsens in der Bevölkerung zur Europäischen Union wird durch eine aktivere Konzeption der UnionsbürgerInnenschaft konterkariert (vgl. ebda.: S. 83). Gleichzeitig handelt es sich hier natürlich nur um eine abgeschwächte Form von potentiell erhöhter Input-Legitimität für EU-Gesetzesvorhaben, weil – wie oben dargestellt – Gesetzesinitiativen im Anschluss an formal erfolgreiche EBIs nicht automatisch folgen müssen. Dennoch können sich UnionsbürgerInnen erstmals mit ihrer Stimme erkämpfen, von der Kommission (an)gehört zu werden.

10. Welche Neuerungen bringt die Europäische Bürgerinitiative?

Auf Basis der vorherigen Kapitel kann eine Antwort auf die erste Forschungsfrage dieses Buchs gegeben werden: *Welche Neuerungen bringt die Europäische Bürgerinitiative bei der politischen Partizipation von BürgerInnen auf europäischer Ebene?*

Die Europäische Bürgerinitiative ermöglicht diverse Veränderungen für die Partizipationsmöglichkeiten von BürgerInnen in der EU. Dem vorausgeschickt sei die innovative Natur dieses Instruments. So bedeutet die EBI für BürgerInnen in erster Linie, dass ihnen seit 1. April 2012 ein zusätzlicher Kanal zur politischen Teilhabe auf europäischer Ebene offen steht. Abgesehen davon sind im Wesentlichen vier verschiedene neuartige Entwicklungen zu beobachten.

a) Umfassendere Einbindung im EU-Policy-Prozess

Wie bereits klargestellt, ist unter „politischer Partizipation" im Rahmen dieser Masterarbeit die Einflussnahme von BürgerInnen im EU-Policy-Zyklus zu verstehen (vgl. Jann; Wegrich 2009). Die sich diesbezüglich eröffnenden erweiterten Anknüpfungspunkte sind seit der Einführung der Direktwahl zum EP die ersten wichtigen Veränderungen für BürgerInnenpartizipation auf europäischer Ebene.

Die EBI kann als OSCP in erster Linie zum Benennen politischer Probleme und zum Setzen der selbigen auf die Agenda der EU-Institutionen verwendet werden. Dabei ist vor allem zu beachten, dass UnionsbürgerInnen ihre Anliegen mithilfe der EBI sowohl auf die „formale Agenda der politischen Entscheidungsinstanzen" (Jann; Wegrich 2009: S. 86), in diesem Fall der Europäischen Kommission, wie auch auf die „öffentliche Agenda (Massenmedien und Fachöffentlichkeit)" (ebda.: S. 86) setzen können. Das Recht für Unionsbürgerinnen, bei Erfüllung der formalen Kriterien erstmals selbst aktiv die Themensetzung auf europäischer Ebene zu bestimmen, kann als große Neuerung angesehen werden.

Durch die EBI ist auch die Mitwirkung an Entscheidungsfindungsprozessen in der Politikformulierungsphase in Gestalt der Anhörung bzw. dem Treffen mit der Kommission möglich. Diese Beteiligungschance bezieht sich aber hinsichtlich der Europäischen Bürgerinitiative nicht auf die formale Adaption bestimmter politischer Forderungen, sondern lediglich auf ein Mitspracherecht in der Entwicklung von Handlungsoptionen. Diese Chance manifestiert sich unter anderem in der öffentlichen Anhörung der InitiatorInnen und dem persönlichen Treffen mit der Kommission. Mitsprache durch die EBI bedeutet folglich nicht das Erlangen von Entscheidungskompetenzen.

Außerdem kann die EBI als Kontrollinstrument bei der Evaluierung bestimmter bereits implementierter Programme für BürgerInnen ein Mittel sein, ihre Sicht der Dinge darzulegen. Die abgelehnte Initiative „One of us" richtete sich beispielsweise gegen bestehende EU-Förderprogramme für medizinische Forschungsprojekte mit menschlichen Embryonen. Mitwirkung bei der Evaluierungsphase des Policy-Zyklus kann aber in abgeleiteter Form auch bedeuten, dass BürgerInnen die Umsetzung der von ihnen selbst mithilfe der EBI thematisierten Anliegen kritisch beleuchten. Eine jeweilige Initiative endet also nicht nach der öffentlichen Anhörung, sondern startet einen Prozess, bei dem BürgerInnen die (Nicht-)Implementierung ihrer Forderungen kritisch weiterverfolgen. Am Fallbeispiel „right2water" kann das beispielsweise heißen, dass die InitiatorInnen in den kommenden Monaten und Jahren analysieren, inwiefern die Kommission die in ihrer schriftlichen Antwort auf diese EBI versprochenen Maßnahmen durchgeführt hat.

b) Interaktivere Beziehung zur Kommission

Auf Basis dieser Ausführungen zur Rolle der EBI im EU-Policy-Zyklus wird eine zweite Entwicklung deutlich. Die EBI ermöglicht einen direkten und intensiveren Kontakt von BürgerInnen mit jener EU-Institution, welche im Wesentlichen als einziges Organ Gesetzesinitiativen starten darf. Wenngleich der BürgerInnenausschuss eine vermittelnde Rolle einnimmt, können sich BürgerInnen erstmals mit ihrer Stimme für ein Anliegen das Recht erwirken, dass ihre Forderungen zu einem bestimmten Themengebiet von der Kommission angehört werden müssen. Die Verpflichtung der selbigen zur Leistung einer schriftlichen Antwort an die InitiatorInnen ist ebenfalls Ausdruck dieses unmittelbareren Kontakts zu den UnionsbürgerInnen.

Wenngleich BürgerInnen nicht „auf Augenhöhe" der Kommission entgegentreten können, da diese die letztendliche Befugnis für Gesetzesinitiativen nicht abtritt, können sie jedoch zumindest den direkten Kontakt und die unmittelbare Interaktion mit ihr erzwingen. Die von Nentwich kritisierte fehlende Interaktivität zwischen BürgerInnen und der Kommission kann dadurch ebenso korrigiert werden, wie das Fehlen direktdemokratischer Elemente auf europäischer Ebene (vgl. Nentwich 1996: S. 8).

c) Vorteile für zivilgesellschaftliche Organisationen

Drittens offenbart die genauere Analyse des derzeitigen Modells bzw. der Vergleich der EBI mit anderen OSCPs einen weiteren wichtigen Aspekt. Vor allem aufgrund der ressourcenintensiven Organisation und Durchführung einer Bürgerinitiative kann davon ausgegangen werden, dass dieses Instrument eher von europaweit stark vernetzten zivilgesellschaftlichen Akteuren, wie beispielsweise Gewerkschaften oder großen Nichtregierungsorganisationen, verwendet werden kann.

Trotz formaler Zugänglichkeit für alle UnionsbürgerInnen bringt die EBI insofern ein größeres Teilhabepotential für die organisierte Zivilgesellschaft als für „einfache" EU-BürgerInnen mit sich. Anders formuliert: Der hohe organisatorische Aufwand einer Initiative deutet auf eine mögliche Arbeitsteilung hin. Während finanzkräftige zivilgesellschaftliche Akteure Initiativen in für sie relevanten Bereichen starten, organisieren und damit die Themenführerschaft übernehmen, tritt die breite Masse der UnionsbürgerInnen eher nur als UnterzeichnerInnen der jeweiligen Forderungen in Erscheinung. Dieser Befund geht einher mit der grundsätzlichen Entwicklung, dass zivilgesellschaftliche Organisationen die Rolle eines „Transmissionsriemen[s]" (Kohler-Koch 2011b: S. 66) ausüben, und in dieser Funktion die Interessen von BürgerInnen kanalisiert auf europäischer Ebene vertreten.

d) Stärkung der UnionsbürgerInnenschaft

Viertens bindet die Europäische Bürgerinitiative politische Partizipation auf europäischer Ebene noch stärker an den Besitz der UnionsbürgerInnenschaft. Innerhalb der Europäischen Union lebende Personen ohne StaatsbürgerInnenschaft eines EU-Mitgliedslandes können weder eine EBI unterzeichnen noch initiieren.

e) Conclusio

Insgesamt deutet eine Analyse der rechtlichen Rahmenbedingungen und des politischen Potentials der Europäischen Bürgerinitiative im Vergleich zu anderen Teilhabekanälen auf europäischer Ebene also darauf hin, dass von der EBI keine tiefgreifenden Verbesserungen der Partizipationschancen aller in der EU lebenden BürgerInnen zu erwarten sind. In anderen Worten: Die „political opportunity structure“ (POS) der EU bleibt trotz dieser neuen spezifischen „opportunity structure for citzen's participation“ (OSCP) prinzipiell unverändert. Sie weist weiterhin einen stark exklusiven Charakter auf (vgl. Nentwich 1996: S. 8).

Es existiert aber auch noch die Möglichkeit, dass die EBI unbeabsichtigte Auswirkungen haben könnte. Bei großer medialer Aufmerksamkeit für eine bestimmte Kampagne könnten auch andere EU-EntscheidungsträgerInnen, wie beispielsweise Abgeordnete zum Europaparlament, sich veranlasst sehen, für oder gegen die postulierten Ziele Position beziehen zu müssen. Insofern könnten die Forderungen einer Initiative trotz Ablehnung durch die Kommission beispielsweise im EU-Parlament oder auch auf nationalstaatlicher Ebene erneut aufgegriffen werden.

11. Fallbeispiel „right2water"

Wie bereits zu Anfang dieser Masterarbeit angekündigt, wurden Interviews mit vier ExpertInnen im Bereich der Europäischen Bürgerinitiative bzw. der ersten formal erfolgreichen EBI „right2water" geführt. Auf Basis der Analyse der Gesprächsinhalte und ihrer Kontextualisierung mit den forschungsleitenden Fragestellungen dieser Masterarbeit wurden acht Kategorien entwickelt, mithilfe derer die Aussagen der befragten ExpertInnen kodiert wurden. Mit den folgenden acht verschiedenen Kodierungen sollen die wesentlichen Inhalte der Interviews besser erschlossen werden. Anders formuliert: Über die Zuordnung dieser induktiv erstellten Kodes zu jeweiligen Textpassagen in den Transkriptionen der Interviews soll das Herausarbeiten der für die Beantwortung der Forschungsfragen zentralen Erkenntnisse erleichtert werden.

- **AkteurInnen:** Wer hat „right2water" initiiert, organisiert und unterstützt?
- **Ziele:** Was sind die Ziele dieser EBI?
- **Kosten:** Welche Kosten sind schlussendlich angefallen?
- **Stimmensammlung:** Welche Hürden gab es bei der Stimmensammlung? Wie wurde diese überhaupt organisiert?
- **Konzessionsrichtlinie:** Welche Wechselwirkungen gab es zwischen der so genannten Konzessionsrichtlinie und „right2water" ?
- **Antwort der Kommission:** Wie hat die Kommission beim Treffen, der Anhörung und im Rahmen ihrer Mitteilung auf „right2water" reagiert?
- **Kritik der EBI:** Wie ist das aktuelle Modell der EBI zu beurteilen bzw. wie soll es reformiert werden? Welches politische Potential birgt die EBI derzeit für BürgerInnen?
- **Politische Folgewirkungen:** Welche weiteren politischen Auswirkungen hat „right2water" bisher nach sich gezogen?

11.1 Zeitlicher Verlauf: Verlauf von „right2water"

Tabelle V: Zentrale Ereignisse bei „right2water"

10. 5. 2012	Registrierung abgeschlossen, Beginn der Unterschriftensammlungsphase
10. 5. 2013	Formales Ende der Unterschriftensammlungsphase laut EU-Umsetzungsverordnung Umsetzungsverordnung 211/2011
10. 9. 2013	Übergabe der Unterschriften an die nationalen Behörden
1. 11. 2013	Revidiertes formales Ende der Sammlungsfrist für alle bis zum 31. 10. 2012 registrierten EBIs („right2water" eingeschlossen); Verlängerung vonseiten der Kommission, um organisatorischen Komplikationen der ersten EBIs entgegenzuwirken
20. 12. 2013	Vorgelegte Unterschriften von der Kommission bestätigt und im Online-Register veröffentlicht
17. 2. 2014	Treffen der OrganisatorInnen mit Kommissions-Vizepräsidenten Šefčovič
17. 2. 2014	Öffentliche Anhörung vor der Kommission im Europäischen Parlament
19. 3. 2014	Schriftliche Antwort der Kommission an die InitiatorInnen in Form einer Mitteilung
18. 5. 2014	Referendum in Thessaloniki über die Privatisierung der Wasserversorgung
2. 6. 2014	Folgemaßnahme der Kommission: „Wasser und Abwasserversorgung" zum Schwerpunkt für Post-2015-Agenda erklärt
23. 6. 2014	Folgemaßnahme der Kommission: Öffentliche Konsultation zur „Trinkwasserrichtlinie" gestartet
9. 9. 2014	Treffen der InteressensträgerInnen im (Ab-)Wasserbereich bezüglich der Richtwerte für Wasserqualität und -dienstleistungen
23. 9. 2014	Ende der Teilnahmefrist an der öffentlichen Konsultation zur „Trinkwasserrichtlinie"

Quelle: eigene Darstellung

11.2 Zentrale AkteurInnen

11.2.1 InitiatorInnen: BürgerInnenausschuss und Koordinationskomitee

Im BürgerInnenausschuss von „right2water" saßen insgesamt 43 Personen, wobei alle Mitgliedstaaten bis auf Dänemark und dem zum Zeitpunkt der Initiierung noch nicht beigetretenen Kroatien vertreten waren (vgl. right2water 2013a). Aus Österreich scheint Christian Meidlinger auf, seines Zeichens Vorsitzender der Gewerkschaft der Gemeindebediensteten, Kunst, Medien, Sport, freie Berufe (GDG-KMSfB). Auf dem offiziellen Online-Register der Kommission zur Europäischen Bürgerinitiative werden aber lediglich die sieben notwendigen Mitglieder aufgelistet, von denen drei Frauen und vier Männer sind.

Der Grund dafür lag schlichtweg in einer formalen Begrenzung der Mitgliederzahlen. Für alle lancierten Europäischen Bürgerinitiativen dürfen im offiziellen Kommissionsregister nur sieben Personen angegeben werden, weshalb sich die InitiatorInnen von „right2water" auf einen kleineren Kreis einigen mussten. De facto hat eine der beiden die Kampagne von Brüssel aus leitenden Personen, Pablo Sanchez aus dem EGÖD-Sekretariat, eigenmächtig die Idee eingebracht, die sieben GewerkschafterInnen aus Tabelle VI vorzuschlagen. Dieser Vorschlag sollte sowohl für eine möglichst geschlechtergerechte Balance, als auch für eine gerechte geographische Verteilung innerhalb der EU sorgen (Interview 3: Pablo Sanchez (EGÖD)).

Auch der Großteil der Personen des erweiterten Kreises des BürgerInnenausschuss entspringt Gewerkschaften, welche Teil des europäischen Dachverbandes EGÖD sind. Schließlich haben die Gewerkschaften diese Kampagne federführend initiiert (vgl. ebda.).

Tabelle VI: Mitglieder des BürgerInnenausschusses von „right2water"

Name	Funktion im Ausschuss	Funktion und Organisation	Land
Anne-Marie Perret	Vertreterin	Präsidentin (EGÖD)	Frankreich
Jan Willem Goudriaan	Stellvertreter	Generalsekretär (EGÖD)	Belgien
Frank Bsirske	Einfaches Mitglied	Vorsitzender (Ver.di)	Deutschland
Annelie Nordström	Einfaches Mitglied	Vorsitzende (KOMMUNAL[22]	Schweden
Ivan Kokalov	Einfaches Mitglied	Vizepräsident (CITUB)	Bulgarien
Rosa Maria Pavanelli	Einfaches Mitglied	Generalsekretärin (IÖD); ehemals FP CGIL	Italien
Dave Prentis	Einfaches Mitglied	Generalsekretär (UNISON[23]	Vereinigtes Königreich

Quelle: eigene Darstellung (vgl. Europäische Kommission 2014h)

Demgegenüber existiert mit der EGÖD-Koordinierungsliste auch ein weiteres Gremium, das auf Eigeninitiative von EGÖD hin gegründet wurde und 74 weitere Kontaktpersonen aus allen zum Zeitpunkt der Initiierung von „right2water" sich in der EU befindlichen Staaten umfasst (vgl. right2water 2013b). Zehn dieser 74 Personen sind auch Teil der vollständigen Version des BürgerInnenausschusses, inklusive vier Ge-

22) KOMMUNAL ist trotz Großschreibung aller Buchstaben keine Abkürzung, sondern lediglich der offizielle Name der schwedischen Gewerkschaft der Gemeindebediensteten.

23) UNISON ist trotz Großschreibung aller Buchstaben keine Abkürzung, sondern lediglich der offizielle Name der britischen Gewerkschaft der Gemeindebediensteten.

werkschafterInnen aus Ländern, welche nicht Teil der Europäischen Union sind. So scheinen zwei Personen aus der Türkei, und jeweils eine aus Russland und Norwegen auf (vgl. right2water 2013b). Außerdem sind fünf Mitarbeiter des EGÖD-Sekretariats Teil dieser Koordinierungsgruppe.

Rechnet man BürgerInnenauschuss und die EGÖD-Koordinierungsgruppe zusammen, so wird augenscheinlich, dass insgesamt 103 Personen zum erweiterten Kreis jener Personen zählen, welche innerhalb der EU diese Bürgerinitiative maßgeblich organisiert, durchgeführt und vertreten haben.

Diese Koordinierungsgruppe hatte die zentrale Aufgabe, die Kampagne in den 28 Mitgliedstaaten der EU zu leiten. Die angeführten Personen dienten als nationale KampagnenleiterInnen, bereiteten Informationsmaterial auf, sammelten Unterstützungserklärungen, versuchten Allianzen mit nationalen Nichtregierungsorganisationen aufzubauen, potentielle prominente UnterstützerInnen zu gewinnen und den Kontakt zu den Medien und JournalistInnen ihres jeweiligen Herkunftslandes herzustellen (Interview 4: Thomas Kattnig (GDG-KMSfB)).

In Österreich wurde Thomas Kattnig, internationaler Sekretär der GDG-KMSfB, als Leiter der nationalen Kampagne von „right2water" ausgewählt. Zu seiner Unterstützung standen ihm zwei weitere Gewerkschafter zur Seite: Michael Grandinger, Personalvertretungsvorsitzender der Wiener Wasserwerke und ebenfalls Gewerkschafter der GDG-KMSfB und Wolfgang Greif, der Leiter der Abteilung Europa, Konzerne und internationale Beziehung der Gewerkschaft der Privatangestellten, Druck, Journalismus, Papier (GPA-djp) (vgl. right2water 2013b).

Grandingers Rolle ist maßgeblich von seiner beruflichen Position geprägt, über die er für die EBI „right2water" direkt vor Ort bei den von Liberalisierungen[24] betroffenen Angestellten der öffentlichen Wasserversorgung werben konnte. Die GPA-djp wiederum ist im Energiesektor Mitglied von EGÖD, weshalb ihr Mitwirken bei „right2water" eine breitere gewerkschaftliche Basis in Österreich herstellen sollte (Interview 4: Thomas Kattnig (GDG-KMSfB)).

24) Der Begriff „Liberalisierung" wird in diesem Buch grundsätzlich mit dem Abbau staatlicher Regulierungen gleichgesetzt, während unter „Privatisierung" dezidiert die Veräußerung von Staatseigentum an private Unternehmen gemeint ist.

Wenn im Rahmen dieses Buchs von „InitiatorInnen“ gesprochen wird, dann sind damit die Mitglieder des BürgerInnenauschusses sowie die EGÖD-Koordinationsgruppe gemeint.

11.2.2 Unterstützende Organisationen

Die diese EBI unterstützenden Organisationen sind grundsätzlich in zwei Gruppen unterteilt. Zum einen gibt es einen kleinen Kreis, welcher auf der offiziellen Kampagnenhomepage auch als jener der „VIP“-Organisationen bezeichnet wird (vgl. right2water o. J. a). Diese Teilgruppe wird angeführt vom Europäischen Gewerkschaftsverband für den öffentlichen Dienst (EGÖD), dem grundsätzlichen Hauptinitiator dieser EBI. Dahinter folgen weitere acht Akteure: Aqua Publica Europea (APE), das Europäische Netzwerk gegen Armut (EAPN), das Europäische Umweltbüro (EEB), die Europäische Allianz für öffentliche Gesundheit (EAPH), der Europäische Gewerkschaftsbund (EGB), die Internationale der Öffentlichen Dienste (IÖD), Social Platform und die Women in Europe for a Common Future (WECF).

Diese Mischung aus NGOs und Gewerkschaften bildet die Kernallianz von „right2water“ , wobei – wie an der Betrachtung des BürgerInnenausschusses klar wird – die GewerkschafterInnen in Wahrheit als die maßgeblichsten Akteure hinter dieser EBI identifiziert werden können.

Vonseiten des EGÖD wurde nach der Zusicherung der Unterstützung der eigenen Mitgliedsgewerkschaften aus fast allen EU-Staaten dezidiert nach europäischen Dachverbänden oder Netzwerken von Nichtregierungsorganisationen gesucht, welche ihre thematischen Schwerpunkte im Bereich Umweltschutz, Konsumentenschutz oder dem Kampf gegen Armut haben (Interview 1: Jerry van den Berge (EGÖD)/Interview 3: Pablo Sanchez (EGÖD)). Die Organisation WECF kam insofern ins Spiel, da sie in ihrer feministischen Arbeit einen Fokus auf den Bereich der Sanitärversorgung legt, dessen mangelhafter Zustand insbesondere in Osteuropa speziell Frauen benachteiligt (Interview 3: Pablo Sanchez (EGÖD)). Die Federation of Young European Greens (FYEG) scheint zwar auf der Kampagnenhomepage als so genannte „VIP“-Organisation auf, gehörte aber – wie sich in den ExpertInneninterviews rausstellte – de facto nicht zum engeren Kreis der OrganisatorInnen (ebda.). Die gewerkschaftlichen Dachverbände IÖD und EGB waren schlussendlich vor allem für die öffentlichkeits- und medienwirksame Bewerbung der Initiative entscheidend und weniger an der konkreten Organisation beteiligt (Interview 3: Pablo Sanchez (EGÖD)).

Es haben sich auch einige grundsätzlich den Forderungen von „right2water" positiv gegenüberstehende Organisationen nicht aktiv an der Kampagne beteiligt, weil sie nicht im Prozess der Ausarbeitung der konkreten Forderungen eingebunden wurden. Wie später noch ausführlich dargelegt, wurden die Kernziele von EGÖD selbst entwickelt. So verweigerte beispielsweise der World Wide Fund for Nature (WWF) aus diesem Grund seine Unterstützung. Obwohl sie in weiten Teilen mit den Zielen von „right2water" übereinstimmen, wollten sie keiner Initiative folgen, deren handfeste Ziele sie nicht mitbestimmen durften (Interview 1: Jerry van den Berge (EGÖD)).

Darüber hinaus gibt es ein breites Spektrum an zu einem Großteil Nichtregierungsorganisationen, welche die Kampagne auch unterstützen und mit ihrem Organisations-Logo auf der offiziellen Kampagnenhomepage unterhalb der „VIP"-Gruppierungen als „Front"-Organisationen aufscheinen (vgl. right2water o. J. b). Zu diesen insgesamt 140 Gruppierungen zählen hauptsächlich nationale Gewerkschaftsverbände und eine Bandbreite an zivilgesellschaftlichen Gruppierungen.

Von Gewerkschaftsseite sind mitgliederstarke Verbände wie die deutsche Dienstleistungsgewerkschaft Ver.di, der italienische Gewerkschaftsbund für den öffentlichen Dienst FP-CGIL, der allgemeine französische Gewerkschaftsbund CGT oder Österreichs GDG-KMSfB zu nennen (vgl. right2water o. J. b). Diese Akteure sind bereits teilweise über die europäischen Dachverbände EGÖD und EGB implizit Teil der „right2water"-Allianz.

Unter den NGOs befinden sich beispielsweise nationale Zweige des globalisierungskritischen Attac-Netzwerks aus Spanien, Deutschland und Österreich sowie der europäische Dachverband sozialpolitischer Nichtregierungsorganisationen SOLIDAR.[25] Aus österreichischer Perspektive ist darüber hinaus die Arbeiterkammer als unterstützende Organisation zu nennen (vgl. ebda.).

---

25) SOLIDAR ist trotz Großschreibung aller Buchstaben keine Abkürzung, sondern lediglich der Name eines europäischen Netzwerks von NGOs, die sich für soziale Gerechtigkeit einsetzen.

Dieser zweitgereihte Bereich der „Front"-Organisationen wurde vor allem über Dachverbände der „VIP" -Akteure erschlossen. Die Strategie der InitiatorInnen war, nach der definitiven Zusage eines Großteils der nationalen Gewerkschaftsverbände eine Kernkoalition mit NGOs auf europäischer Ebene in Brüssel herzustellen. Diese NGOs sollten dann wiederum ihre nationalen, regionalen und lokalen Mitgliederorganisationen oder SympathisantInnen zur Beteiligung an der Kampagne mobilisieren (Interview 1: Jerry van den Berge (EGÖD)/Interview 3: Pablo Sanchez (EGÖD)).

Dieser strategische Ansatz sollte schlichtweg die möglichst rasche und effiziente Verbreiterung der Kampagnenallianz vorantreiben und eine nachhaltige, pyramidenartige Akteurs-Struktur aufbauen (Interview 3: Pablo Sanchez (EGÖD)). Für Österreich konnten die Umweltschutzorganisationen Greenpeace und Global 2000 sowie die globalisierungskritische NGO Attac und die Armutskonferenz als zivilgesellschaftliche Zugpferde gewonnen werden (Interview 4: Thomas Kattnig (GDG-KMSfB)). Die GDG-KMSfB stand mit den beiden letztgenannten Organisationen schon im Rahmen der österreichweiten Plattform „Wege aus der Krise" in engem Kontakt, deren Hauptziel die Bekämpfung der Austeritätspolitik als Antwort auf die aktuelle Wirtschafts- und Finanzkrise ist (ebda.).

Vonseiten der GDG-KMSfB wurde bei „right2water" ein loser Kontakt mit den unterstützenden zivilgesellschaftlichen Gruppierungen geführt. Es wurden keine inhaltlichen oder strategischen Vorgaben gemacht. Vielmehr wurden die Inhalte von „right2water" selbstständig im eigenen Einflussbereich beworben. Im Umkehrschluss bedeutete dies natürlich, dass jeder Akteur seine eigenen inhaltlichen Schwerpunkte je nach dem Kernthemenfeld der eigenen Organisationen setzen konnte (Interview 4: Thomas Kattnig (GDG-KMSfB)).

11.2.3 „Right2water" BotschafterInnen

Unter den Akteuren von „right2water" gibt es auch das Komitee der so genannten BotschafterInnen dieser Initiative (vgl. right2water o. J. d). Unter diesen 70 Personen (57 Männer/13 Frauen) sind neben (ehemaligen) PolitikerInnen wie BürgermeisterInnen europäischer Städte oder GewerkschafterInnen auch in den jeweiligen EU-Mitgliedstaaten öffentlich bekannte Menschen aus den Bereichen Kunst, Kultur, Sport und

Wissenschaft (vgl. right2water o. J. d.). Diese Gruppe der EBI-BotschafterInnen ist allgemein als eine Art Personenkomitee zu verstehen, dessen Mitglieder „right2water" in ihrem persönlichen, politischen oder beruflichen Einflussgebiet (öffentlichkeitswirksam) bewerben sollten (Interview 1: Jerry van den Berge (EGÖD)). Es ging also bei dieser Idee um das Sichtbarmachen, dass diese Europäische Bürgerinitiative von weiten Teilen der Gesellschaft und damit auch von einer Vielzahl prominenter Personen unterstützt wird. Dadurch erhoffte man sich positive Auswirkungen auf die Unterschriftenzahlen (ebda.).

Außerdem sind manche Mitglieder des BürgerInnenausschusses noch einmal explizit als BotschafterInnen aufgelistet. Dasselbe gilt für die Vorsitzenden bzw. PräsidentInnen der so genannten „VIP"-Organisationen (vgl. right2water o. J. d). Aus Österreich scheinen der Wiener Bürgermeister Michael Häupl, der Vorsitzende der sozialdemokratischen Parlamentsfraktion im Nationalrat Andreas Schieder, der Vorsitzende der GDG-KMSfB Christian Meidlinger und der ehemalige ÖVP-Obmann und Ex-Vizekanzler Erhard Busek auf (vgl. ebda.).

11.2.4 Unterstützende MEPs

Außerdem haben sich mit 80 Abgeordneten zum Europäischen Parlament rund ein Zehntel aller MEPs der abgelaufenen Legislaturperiode von 2009 bis 2014 bereit erklärt, diese EBI öffentlichkeitswirksam zu unterstützen (vgl. right2water o. J. c). Diese ParlamentarierInnen stammen ausschließlich aus den Fraktionen der SozialdemokratInnen, der Grünen bzw. der Europäischen Linken. Aus Österreich hat sich die Abgeordnete der Grünen Ulrike Lunacek für das Menschenrecht Wasser ausgesprochen. Außerdem waren die fünf sozialdemokratischen MandatarInnen Hannes Swoboda, Jörg Leichtfried, Evelyn Regner, Karin Kadenbach und Josef Weidenholzer Teil dieses parlamentarischen Unterstützungskomitees (vgl. right2water o. J. c). Das zahlenmäßige Verhältnis von weiblichen zu männlichen Abgeordneten ist mit 34 zu 46 relativ ausgeglichen.

Die angeführten MEPs waren ebenso wie die oben angesprochenen BotschafterInnen dafür gedacht, öffentlichkeitswirksam zu kommunizieren, wie breit diese Europäische Bürgerinitiative sei. Mehr noch wollte man durch die Generierung von UnterstützerInnen mehrerer Fraktionen im EP die Zuordnung von „right2water" zu einer konkreten politischen Richtung vermeiden (Interview 1: Jerry van den Berge (EGÖD)).

Tabelle VII: Aufschlüsselung der MEPs nach Land und Fraktion[26]

	Sozialdemo-kratInnen	Grüne	Linke	Gesamtzahl pro EU-Land
Belgien		1		1
Bulgarien				
Dänemark	1	2	1	4
Deutschland	3	6	6	15
Estland	1			1
Finnland	1	1		2
Frankreich	1	7		8
Griechenland		2		2
Irland	2		1	3
Italien	4			4
Kroatien				
Lettland				
Litauen				
Luxemburg		1		1
Malta	1			1
Niederlande	1	1	1	3
Österreich	5	1		6
Polen				
Portugal	1	1	4	6
Rumänien	1			1
Schweden		2		2

26) Bei all jenen EU-Mitgliedstaaten, aus denen kein MEP zu den UnterstützerInnen zählte, wurde bewusst darauf verzichtet, diesen Umstand mit der Zahl „Null“ in der Tabelle zu vermerken. Schließlich haben, wie am Beispiel von Österreich klar wird, auch nicht alle Mitgliedstaaten VertreterInnen in den genannten drei Fraktionen. Kroatien wiederum ist erst während der Unterschriftensammlungsphase EU-Mitglied geworden.

	Sozialdemo-kratInnen	**Grüne**	**Linke**	**Gesamtzahl pro EU-Land**
Slowakei				
Slowenien				
Spanien	12	1	1	14
Tschechische Republik	1			1
Ungarn				
Vereinigtes Königreich	2	1	1	4
Zypern			1	1
Summe	37	27	16	80

Quelle: eigene Darstellung (vgl. right2water o. J. c.)

Die Zahlen aus Tabelle VII bedeuten, dass von den EP-Abgeordneten der Legislaturperiode 2009 bis 2014 rund 20 Prozent der SozialdemokratInnen und nahezu 50 Prozent der Grünen bzw. Linken für „right2water" eingestanden sind.

11.2.5 Unterzeichnerinnen der EBI

Vonseiten der Initiative „right2water" wurde bekanntgegeben, dass man insgesamt 1.840.486 Stimmen erreicht hat. Nach der Überprüfung durch nationale Behörden hat die Kommission schlussendlich 1.659.543 Unterschriften als gültig anerkannt (vgl. right2water 2013c). Die nationalen Stimmhürden wurden in den folgenden 13 EU-Mitgliedsländern übersprungen: Deutschland, Belgien, Finnland, Griechenland, Italien, Litauen, Luxemburg, den Niederlanden, Österreich, der Slowakei, Slowenien, Spanien und Ungarn (vgl. ebda.). Kroatien war zum Zeitpunkt der Registrierung bzw. bei Anbeginn der Unterschriftensammlungsphase noch kein EU-Mitglied. Dennoch wurden auch dort Stimmen gesammelt, was die Berücksichtigung Kroatiens in Tabelle VI erklärt.

Das Verhältnis der diese EBI unterstützenden BürgerInnen zu den InitiatorInnen von „right2water" kann als eine Art Arbeitsteilung auf zwei Ebenen beschrieben werden:

> *„Der Bürger, der sich denkt: Da muss man etwas dagegen tun. Ich bin ohnmächtig, was kann ich dagegen tun. Mit meiner Unterschrift gebe ich*

ein Statement ab und je mehr Unterschriften da sind, umso mehr Druck kann aufgebaut werden. Auf der anderen Seite geht es um konkrete Verhandlungen. Das ist wieder unsere Aufgabe, bei konkreten Verhandlungen dann auch diese Unterstützung der breiten Masse an Bevölkerung mitzunehmen und in die Verhandlungen (...) einzubeziehen.“ (Interview 4: Thomas Kattnig (GDG-KMSfB))

Tabelle VIII: Finale Zahlen aufgeschlüsselt nach den EU-28[27]

Land	Stimmen laut „right2water“	Gültige Stimmen	Nationale Stimmhürde
Belgien	**40912**	40549	16500
Bulgarien	1602	1406	13500
Dänemark	3547	(3495)	9750
Deutschland	**1341061**	1236455	74250
Estland	1245	516	4500
Finnland	**15200**	14589	9750
Frankreich	22969	(17247)	55000
Griechenland	**35720**	33220	16500
Irland	2959	2513	9000
Italien	**67484**	65223	54750
Kroatien	1002	-	9000
Lettland	450	393	6750
Litauen	**14048**	13252	9000

27) Die in Klammer angegebenen Stimmen aus Dänemark und Frankreich wurden zwar von den nationalen Behörden zertifiziert, jedoch nicht fristgerecht bei der Kommission eingereicht, weshalb sie auch nicht Teil der Gesamtabrechnung aller abgegebenen Stimmen sind (vgl. Europäische Kommission 2014h). Kroatien war zum Zeitpunkt der Initiierung dieser EBI noch kein EU-Mitglied, weswegen die dort gesammelten Stimmen nicht behördlich überprüft und auch nicht von der Kommission anerkannt wurden.

Land	**Stimmen laut „right2water“**	**Gültige Stimmen**	**Nationale Stimmhürde**
Luxemburg	5698	5566	4500
Malta	1703	1635	4500
Niederlande	**22065**	21469	19500
Österreich	**64836**	57643	14250
Polen	4807	3962	38250
Portugal	15588	13964	16500
Rumänien	3211	3176	24750
Schweden	12258	11579	15000
Slowakei	**35075**	20988	9750
Slowenien	**21330**	17546	6000
Spanien	**65484**	58051	40500
Tschechische Republik	7986	7575	16500
Ungarn	**20107**	18245	16500
Vereinigtes Königreich	8578	7104	54750
Zypern	3561	2924	4500
Summe	**1840486**	**1659543**	

Quelle: eigene Darstellung
(vgl. right2water 2013c/Europäische Kommission 2014b)

Wie Tabelle VIII zeigt, gibt es eine breite Streuung der UnterstützerInnen quer über ganz Europa. So haben sowohl Länder aus Ost-, West-, Nord-, Süd- und Zentraleuropa die Quoren erreicht. Vergleicht man nun die Tabellen VII und VIII, so wird eindeutig klar, dass die Unterstützung dieser EBI durch MEPs nicht ausschlaggebend dafür war, ob die Kampagne in den Heimatländern der jeweiligen Abgeordneten erfolgreich war oder nicht. Anders formuliert: Die Unterstützung von „right2water“ durch Abgeordnete zum EP war grundsätzlich offenbar keine besondere

Hilfe bei der Mobilisierung von BürgerInnen in den Heimatländern besagter ParlamentarierInnen.

Das wird gut an den Beispielen Slowenien und der Slowakei deutlich, welche ohne Probleme die nationalen Stimmhürden überwunden haben, ohne dass MandatarInnen zum EP die EBI offiziell unterstützt haben. Auf der anderen Seite war die „right2water"-Kampagne in Frankreich erfolglos, obwohl einige französische MEPs hinter dieser Initiative standen.

11.3 Forderungen der EBI

Die OrganisatorInnen einer EBI müssen im amtlichen Online-Register der Europäischen Kommission kurz und prägnant ihre politischen Forderungen und Ziele darstellen. So können sich BürgerInnen unkompliziert über die Inhalte einer jeweiligen EBI informieren, wodurch ihnen ein niederschwelliger Zugang zur Nutzung dieses direktdemokratischen Instruments ermöglicht wird. „right2water" hat sein Kernanliegen wie folgt definiert:

> *„Wir fordern die Europäische Kommission zur Vorlage eines Gesetzesvorschlags auf, der das Menschenrecht auf Wasser und sanitäre Grundversorgung entsprechend der Resolution der Vereinten Nationen durchsetzt und eine funktionierende Wasser- und Abwasserwirtschaft als existenzsichernde öffentliche Dienstleistung für alle Menschen fördert."*[28]

Die eingeforderten neuen EU-Rechtsvorschriften sollten die nationalen Regierungen in die Pflicht nehmen, allen BürgerInnen „eine ausreichende Versorgung mit sauberem Trinkwasser sowie eine sanitäre Grundversorgung sicherzustellen."[29]

Daraus ergeben sich drei grundsätzliche politische Ziele. Erstens verlangen die InitiatorInnen sowohl von den EU-Institutionen als auch von den Mitgliedstaaten die Verwirklichung dieses Grundrechts für alle

---

28) Europäische Kommission (2014h): Die Europäische Bürgerinitiative. Amtliches Register. Water and sanitation are a human right! Water is a public good, not a commodity! Zuletzt aktualisiert am 13. Oktober 2014. Online verfügbar unter: http://ec.europa.eu/citizensinitiative/public/initiatives/finalised/details/2012/000003/en; abgerufen am 22. November 2014.

29) ebda.

EU-BürgerInnen. Deshalb dürfen zweitens die Trinkwasserversorgung bzw. die Bewirtschaftung der Wasserressourcen[30] nicht den EU-Binnenmarktregeln unterliegen. Der gesamte Bereich der Wasserwirtschaft muss folglich von Liberalisierungsbestrebungen ausgenommen sein. Drittens fordert „right2water", dass die EU auch auf globaler Ebene mehr Anstrengungen unternimmt, um allen Menschen den Zugang zu Wasser und sanitärer Grundversorgung zu ermöglichen (vgl. Europäische Kommission 2014h).

Um die Rechtmäßigkeit eines Anliegens zu gewährleisten, sollte eine Europäische Bürgerinitiative auch immer sicherstellen, dass sie ihre politischen Forderungen dezidiert mit europarechtlichen Bestimmungen in Bezug setzt. „right2water" bezieht sich dementsprechend auf drei Paragraphen des Vertrags über die Arbeitsweise der Europäischen Union (AEUV).

So wird auf Artikel 14 verwiesen, der den hohen Stellenwert von Dienstleistungen mit allgemeinem wirtschaftlichen Interesse innerhalb der Europäischen Union absichern soll (vgl. Europäische Union 2012b: Art. 14). In diesem Zusammenhang sollen die EU-Institutionen für das reibungslose Funktionieren der Wasserversorgung als eine derart zu klassifizierende Dienstleistung Sorge tragen. Des Weiteren geben die InitiatorInnen die Artikel 209 und 210 des AEUV an, in denen die (Koordinierung der) Entwicklungszusammenarbeit geregelt ist. Bei Artikel 209 werden der Rat der EU und das Europaparlament als jene Organe genannt, welche im „ordentlichen Gesetzgebungsverfahren die zur Durchführung der Politik im Bereich der Entwicklungszusammenarbeit erforderlichen Maßnahmen" (ebda: Art 209 (1)) setzen müssen. In Artikel 210 wird der Kommission die Rolle zugeschrieben, als Vermittlerin die Entwicklungshilfeprogramme der Mitgliedstaaten bzw. der EU als Ganzes zu koordinieren (vgl. ebda.: Art. 210 (2)).

In den folgenden Kapiteln wird näher auf die drei Kernanliegen von „right2water" bzw. deren konkrete Vorschläge zur Implementierung des

---

30) Europäische Kommission (2014h): Die Europäische Bürgerinitiative. Amtliches Register. Water and sanitation are a human right! Water is a public good, not a commodity! Zuletzt aktualisiert am 13. Oktober 2014. Online verfügbar unter: http://ec.europa.eu/citizensinitiative/public/initiatives/finalised/details/2012/000003/en; abgerufen am 22. November 2014.

Menschenrechts auf Wasser eingegangen. Die von EGÖD selbst ausgearbeiteten drei expliziten Hauptanliegen basierten dabei auf dem allgemeinen Beschluss des Europäischen Sozialforums in Malmö aus dem Jahre 2008. Insofern war man der Ansicht, dass damit auch implizit den Anliegen anderer Akteure Rechnung getragen wurde, welche Teil einer erweiterten Kampagnenkoalition sein könnten. So wird begründet, dass die EGÖD-interne Erstellung der zentralen Forderungen ohne Mitbestimmungsrechte anderer Organisationen gerechtfertigt war (Interview 1: Jerry van den Berge (EGÖD)/Interview 3: Pablo Sanchez (EGÖD)).

11.3.1 Wasser als Grundrecht für alle BürgerInnen in der EU

Das Fundament der rechtlichen und politischen Argumentation der InitiatorInnen dieser EBI für das Grundrecht auf sauberes Trinkwasser und eine funktionierende Abwasserversorgung bildet die Resolution 64/292 der Generalversammlung der Vereinten Nationen vom Juli 2010 (vgl. right2water o. J. e: S. 1). Darin wird das Menschenrecht auf sicheres und sauberes Trinkwasser und eine einwandfreie Sanitärversorgung anerkannt und die Tatsache herausgestrichen, dass dieses Grundrecht im Sinn eines erfüllten menschlichen Lebens Basis für alle anderen Menschenrechte ist (vgl. United Nations 2010a: Unterpunkt 1). Es obliege den Nationalstaaten, dieses Recht für alle ihre BürgerInnen ausnahmslos zu implementieren (vgl. ebda.: Unterpunkt 2).

In der darauffolgenden Resolution des Menschrechtsrats der Vereinten Nationen wird diese Stellungnahme bestätigt (vgl. United Nations 2010b: Unterpunkt 2). Wiederum werden die Nationalstaaten aufgerufen, ihre Verantwortung zur Verwirklichung aller Menschenrechte wahrzunehmen und somit auch für ihre BürgerInnen sicheres Trinkwasser und eine funktionierende Sanitärversorgung zu gewährleisten (vgl. ebda.: Unterpunkt 6).

Die InitiatorInnen von „right2water" argumentieren dahingehend, dass in Europa nicht nur die Nationalstaaten, sondern auch die Europäische Union und diesbezüglich das Gesetzesinitiativorgan, die Europäische Kommission, in die Pflicht zu nehmen ist (vgl. right2water o. J. e: S. 10). Mit den drei Säulen des EU-Wasserrechts, der Wasserrahmenrichtlinie, der Trinkwasserrichtlinie und der Richtlinie über die Behandlung von kommunalem Wasser sei bereits eine gute Ausgangsbasis für die

Absicherung dieses Grundrechts auf Wasser geschaffen worden (vgl. right2water o. J. e: S. 7/Rat der Europäischen Gemeinschaften 1991/ Rat der Europäischen Union 1998/Europäisches Parlament; Rat der Europäischen Union 2000). Der Wasserbereich sei den Verträgen und dem EU-Wasserrecht zufolge eine Dienstleistung von allgemeinem Interesse. Jedoch müsse das Menschenrecht auf Wasser und Sanitärversorgung dezidiert auch auf europäischer Ebene verankert und implementiert werden (vgl. right2water o. J. e: S. 7).

11.3.2 Wasserdienstleistungen im EU-Binnenmarkt

Das Fundament der Europäischen Union sind die Prinzipien des Respekts der menschlichen Würde, Freiheit, Demokratie, Gleichheit, Rechtsstaatlichkeit und die Menschenrechte (vgl. Europäische Union 2012a: Artikel 2). „However, the rule of law and human rights are not the only principles on which the European Union is founded. The expansion of a common market has arguably been more influential" (right2water o. J. e: S. 7).

Für „right2water" ist vor allem die so genannte Vollendung des EU-Binnenmarkts und damit verbundene Liberalisierungen öffentlicher Dienstleistungen eine große Bedrohung bei der angestrebten Realisierung der Ziele der Resolution 64/292 bezüglich des Zugangs aller Menschen zu einer funktionierenden, sicheren Wasserver- und -entsorgung (vgl. ebda.: S. 7–8). Anders formuliert: Die InitiatorInnen dieser Europäischen Bürgerinitiative sehen bereits durchgeführte und noch angestrebte Privatisierungen im Wasserbereich als große Hürde bei der Verwirklichung des Menschenrechts auf Wasser.

Die aktuelle Situation innerhalb der EU von mehr als 1 Million Menschen ohne Zugang zu sauberem Wasser zeige auf, dass Privatisierungen in diesem Bereich nicht die erhofften positiven Auswirkungen haben (vgl. ebda.: S. 8–9/World Health Organization; UNICEF 2010).

„It is clear that the market cannot deliver on human rights. These are government responsibilities and governments have to deliver" (right2water o. J. e: S. 11). Wenn also Wasser als menschliches Grundrecht gilt und die Verwirklichung dieser Rechte eine ureigene staatliche Aufgabe sei, dann müsse jeglichen Bestrebungen zur Kommerzialisierung entgegengetreten werden (vgl. ebda.: S. 8). Wasser sei, wie auch während der Anhörung vonseiten der InitiatorInnen nochmals bekräftigt, ein natürliches Monopol und dürfe deshalb nicht Gegenstand marktwirtschaftlicher Überlegungen sein. Mehr Wettbewerb im Bereich Wasser würde nicht die Qualität der Versorgungsleistungen erhöhen und vor allem nicht den Zugang zu diesen Leistungen für sozial benachteiligte Bevölkerungsschichten erleichtern (vgl. right2water o. J. e: S. 10). Basierend auf der Ansicht, dass Wasser ein öffentliches Gut sei, müsse die Wasserver- und -entsorgung folglich als essentielle öffentliche Dienstleistung betrachtet werden (vgl. ebda.).

„Right2water" verweist diesbezüglich auch auf Entschließungen des Europäischen Parlaments aus den Jahren 2004 und 2006 zu Fragen der Privatisierung und Kommodifizierung der Ressource Wasser (vgl. right2water o. J. e: S. 8/Europäisches Parlament 2014: 02:19:30 bis 02:19:40).

In der Entschließung von 2004 fordern die Abgeordneten, „dass die Bewirtschaftung der Wasserressourcen nicht den Regeln des Binnenmarkts unterliegen darf, da Wasser ein gemeinsames Gut der Menschheit darstellt" (Europäisches Parlament 2004: S. 858, Ziffer 5).

Dieser Grundhaltung schließt sich die EP-Entschließung von 2006 zum vierten Weltwasserforum in Mexiko-Stadt an. Das Parlament „erklärt, dass Wasser ein gemeinsames Gut der Menschheit ist und dass der Zugang zu Wasser daher ein grundlegendes Menschenrecht ist" (Europäisches Parlament 2006: Ziffer 1).

11.3.3 Universeller Zugang zu Wasser

Diese Europäische Bürgerinitiative beschränkt ihre politischen Ziele nicht auf die Grenzen der Europäischen Union. Parallel zum Inhalt der Resolution 64/292 der Vereinten Nationen wird auch die globale Dimension des Menschenrechts auf Wasser anerkannt und dementsprechend die Europäische Union aufgefordert, alle notwendigen Anstrengungen zu unternehmen, um einen Beitrag zur Sicherstellung des universellen Zugangs zu sauberem Trinkwasser und einer funktionierenden Sanitärversorgung zu leisten (vgl. right2water o. J. e: S. 6). Dieses Engagement soll im Rahmen der Entwicklungszusammenarbeit der EU vonstatten gehen und die Umsetzung der so genannten „Millennium Development Goals" befördern (vgl. ebda.: S. 9). Teil dieser acht Millenniums-Entwicklungsziele, einer Initiative der Vereinten Nationen, ist unter anderem auch der Wassersektor. Der Anteil der Weltbevölkerung ohne

Zugang zu Wasser und Sanitärleistungen soll bis 2015 um die Hälfte reduziert werden (vgl. right2water o. J. e: S. 9). Zu Beginn dieses Vorhabens waren weltweit rund 1,2 Milliarden Menschen ohne Wasser- und rund 2,6 Milliarden ohne Sanitärversorgung. „Over 800 million people still lack access to water and even 2,5 billion still lack access to improved sanitation at this moment“ (ebda.: S. 9).

Deshalb ist es für die OrganisatorInnen von „right2water“ von entscheidender Bedeutung, dass die Europäische Kommission auf Basis des Vertrags über die Arbeitsweise der EU Gesetzesinitiativen startet, welche insbesondere die Erreichung der wasserbezogenen Millenniums-Entwicklungsziele vorantreiben können (vgl. ebda./Europäische Union 2012b: Artikel 209/210).

11.3.4 Vorschläge zur Implementierung des Menschenrechts auf Wasser

Aufbauend auf ihren drei politischen Kernforderungen bringen die InitiatorInnen dieser EBI auch Vorschläge bezüglich der konkreten Umsetzung auf europäischer Ebene ein (vgl. right2water o. J. e: S. 12).

Im Wesentlichen handelt es sich dabei um ein an die Europäische Kommission gerichtetes Zehn-Punkte-Programm, wobei der dritte Teilbereich mehrere Unterpunkte umfasst, weshalb auch von insgesamt achtzehn Vorschlägen gesprochen werden kann (vgl. ebda.: S. 12–13).

1) Das Menschenrecht auf Wasser soll in allen Mitteilungen bezüglich Wasserver- und -entsorgung verwendet sowie auch zentraler Parameter aller weiteren Initiativen in diesem Bereich sein.
2) Die Wasserver- und -entsorgung muss für alle EU-BürgerInnen anhand internationaler Standards der Nachhaltigkeit, Transparenz, Verantwortlichkeit, Teilhabe und Nicht-Diskriminierung gewährleistet sein.
3) Wasserdienstleistungen dürfen nicht kommerzialisiert werden und sollen deshalb von den EU-Binnenmarktregeln ausgenommen sein.
    a) Keine Liberalisierung der Wasserver- und -entsorgung.
    b) Kein Inkludieren der Wasserver- und -entsorgung bei Handelsabkommen wie beispielsweise CETA oder TTIP.
    c) Öffentlich-öffentliche Partnerschaften sollen gefördert werden.

d) In der Wasserrahmenrichtlinie muss verankert werden, dass Wasser keine Ware ist.
e) Der Schutz der Ressource Wasser muss Vorrang vor kommerziellen Interessen haben.
f) Die Kommission muss Hilfsprogramme zur finanziellen Unterstützung bedürftiger Menschen initiieren, welche sich eine ausreichende Wasserversorgung nicht leisten können.
g) Private Wasserbetriebe müssen in ihren Aktivitäten die Prinzipien der Transparenz und Offenheit respektieren.
h) Die demokratische Teilhabe von BürgerInnen muss bei der Verwaltung der öffentlichen Dienstleistungsbetriebe im Einklang mit der Wasserrahmenrichtlinie gewährleistet sein.

4) Der Bereich Wasser- und Sanitärversorgung muss explizit Teil der EU-Entwicklungspolitik sein und diesbezügliche Ausgaben erhöht werden.
5) Öffentlich-öffentliche Partnerschaften sollen gefördert werden, um die Zusammenarbeit zwischen nicht gewinnorientierten öffentlichen Wasserversorgungsunternehmen zu unterstützen.
6) Die Kommission soll eine Initiative zur Verankerung des rechtlichen Grundsatzes starten, dass die Kontrolle über Wasserressourcen in öffentlicher Hand bleiben muss.
7) Öffentliche Wasserbetriebe sollen innerhalb und außerhalb der Europäischen Union (finanziell) unterstützt werden, damit sie die Grundbedürfnisse aller BürgerInnen decken können. Wie das spätere Beispiel der angedrohten Privatisierung der Wasserwerke im griechischen Thessaloniki zeigen wird, richtet sich diese Forderung explizit gegen die Rolle der Kommission bei den im Rahmen der Troika vorgegebenen Sparmaßnahmen in den Krisenländern des europäischen Südens.
8) Wasserunternehmen, welche einen Teil ihres jährlichen Umsatzes in öffentlich-öffentliche Partnerschaften in Entwicklungsländern investieren, müssen durch die Europäische Union gefördert werden.
9) Die Kommission soll den Aufbau eines freiwilligen europäischen Richtliniensystems zur Förderung hoher Standards der Wasserversorgung initiieren.

10) Zu guter Letzt soll die Kommission einen Verhaltenskodex für im Wassersektor tätige private Unternehmen erlassen, der dafür Sorge tragen soll, dass Gewinne in den Ausbau und die Instandhaltung der Infrastruktur investiert werden. Dieser Verhaltenskodex soll den Abzug der erwirtschafteten Gewinne aus dem Unternehmen verhindern und eine nachhaltige Wasserwirtschaft privater Betriebe gewährleisten (vgl. right2water o. J. e: S. 12–13).

Bei der Implementierung des Menschenrechts auf Wasser und Sanitärversorgung muss den InitiatorInnen der Bürgerinitiative zufolge insbesondere auf drei Gruppen Rücksicht genommen werden. Zum einen sind es weltweit gesehen in der Regel Frauen, welche überproportional unter einer schlechten Wasserver- und -entsorgung zu leiden haben. Gleichzeitig sind Frauen innerhalb der Familien oder Kommunen aber auch eher mit Aufgaben der Wasserversorgung betraut. Insofern muss ihren Anliegen und Bedürfnissen speziell Beachtung geschenkt werden (vgl. ebda.: S. 14).

Zum anderen muss der sozialen und ökonomischen Lage von ArbeiterInnen im Bereich der Wasserwirtschaft ebenso Rechnung getragen werden. Nach der Privatisierung öffentlicher Unternehmen sind sie in der prekären Situation, dass ihre Arbeitsplätze im Rahmen von Restrukturierungsmaßnahmen womöglich gestrichen werden (vgl. ebda.). „Workers deserve to be respected for the job they do for all people and our socities. They should be involved in all aspects of the provision of water services, also in decision-making processes“ (right2water o. J. e: S. 14).

Drittens fordert die Bürgerinitiative eine verstärkte Berücksichtigung der Interessen und Rolle ländlicher Gemeinden. Insbesondere jene im Einzugsgebiet von Ballungsräumen dürfen die demokratische Kontrolle über ihre Wassergebiete nicht verlieren. Teil des Menschenrechts auf Wasser muss so gesehen eben auch die lokale demokratische Verwaltung der eigenen Ressourcen sein (vgl. ebda.)

„right2water“ plädiert dafür, dass die Interessen und die politische Teilhabe dieser drei Gruppen bei den Diskussionen zur Verwirklichung des eingeforderten Menschenrechts ausreichend gewahrt werden (vgl. ebda.). „Next steps in the realization of the human right to water and sanitation must be built on justice for all these groups“ (ebda.).

11.3.5 Implizite Ziele

Neben den oben dargelegten expliziten Kernforderungen von „right2water“ haben die Gespräche mit den InitiatorInnen dieser Bürgerinitiative auch gezeigt, dass es darüber hinaus eine Reihe impliziter Ziele gab.

Zum einen wollte der Europäische Gewerkschaftsbund für den öffentlichen Dienst und seine Mitgliedsorganisationen schlichtweg dieses seit April 2012 verfügbare Instrument zur politischen Partizipation auf EU-Ebene ausprobieren. Es ging darum als Erste erfolgreich eine Europäische Bürgerinitiative, für die man sich während der Diskussionen rund um den Vertrag von Lissabon auch stark gemacht hatte, zu initiieren, zu organisieren und durchzuführen (Interview 1: Jerry van den Berge (EGÖD)). In diesem Zusammenhang war es besonders aus gewerkschaftlicher Sicht von Bedeutung, nicht zuletzt den eigenen Mitgliedern fachliche Kompetenz und politische Stärke beweisen zu können.

> *„Im Bereich der Gewerkschaft als solches ist es natürlich sehr sehr wichtig zu zeigen, dass man Durchschlagskraft hat auf europäischer Ebene, dass man sich für die wichtigen Dinge auch entsprechend einsetzt, dass man Arbeitsplätze sichert, dass man die Rahmenbedingungen für die Arbeit absichert. Und das ist natürlich ebenfalls ein ganz ein wichtiger Aspekt, den eigenen Mitgliedern, die auch gewisse Erwartungshaltungen haben, hier zu zeigen: Ja, da ist der Leistungsnachweis.“* (Interview 4: Thomas Kattnig (GDG-KMSfB))

Bei der Frage, warum die EBI überhaupt im Bereich der Wasserversorgung angesiedelt wurde, spielte die Überlegung eine Rolle, dass sich das Thema „Wasser“ aufgrund seiner zentralen Bedeutung für das menschliche Leben und seiner Vielschichtigkeit gut eignet. Schließlich betrifft es verschiedene politische Felder wie den KonsumentInnenschutz, Umwelt-, Sozial- und Wirtschaftspolitik, wobei vor allem in Bezug auf Letztere für die Gewerkschaften die Möglichkeit bestand, einen alternativen, auf Verteilungsgerechtigkeit ausgelegten Diskurs anzutreiben (Interview 4: Thomas Kattnig (GDG-KMSfB)).

Während der Diskussionen rund um die in späteren Kapiteln dieses Buchs behandelte Konzessionsrichtlinie hat sich ein weiteres implizites Ziel ergeben. Die OrganisatorInnen von „right2water“ wollten die Ausnahme des Bereichs der Wasserver- und -entsorgung aus besagter Richtlinie erzwingen und durch medialen Druck eine europaweite Opposition gegen den Kommissionsvorschlag etablieren. Im Gesetzgebungsprozess sollte Wasser eben nicht als Ware gesehen werden und keinesfalls Liberalisierungsbestrebungen ausgesetzt sein, weshalb der politische Kampf gegen die Konzessionsrichtlinie als praktisch angewandtes, implizites Ziel der expliziten zweiten Kernforderung zu sehen ist (Interview 1: Jerry van den Berge (EGÖD)).

11.4 Unterschriftensammlung: Mittel, Strategien und Hürden

Von den rund 1,8 Millionen Unterschriften wurden schlussendlich nur ca. 1,7 Millionen von den nationalen Wahlbehörden und in weiterer Folge von der Europäischen Kommission als gültig anerkannt. Laut den InitiatorInnen gab es dafür zwei Hauptgründe. Erstens haben zahlreiche BürgerInnen sowohl handschriftlich auf Unterschriftenlisten, als auch über das Online-System ihre Stimme für „right2water" abgegeben, welche natürlich im Endeffekt nur einmal gelten darf. Zweitens musste man in manchen EU-Mitgliedstaaten, wie beispielsweise Österreich, eine Reihe an personenbezogenen Daten angeben. Nicht alle BürgerInnen wollten dem Folge leisten, manche haben auch schlichtweg darauf vergessen, einzelne Felder auszufüllen (Interview 1: Jerry van den Berge (EGÖD)/Interview 3: Pablo Sanchez (EGÖD)/Interview 4: Thomas Kattnig (GDG-KMSfB)). Aufgrund eines kurzfristigen Ausfalls des Kommissionsservers, über den die Online-Unterschriften gespeichert worden sind, gingen auch einige Unterschriften verloren (Interview 3: Pablo Sanchez (EGÖD)).

Die InitiatorInnen haben aber schon vornherein mit einem Ausfall von rund 20 Prozent der abgegebenen Stimmen gerechnet. Insofern ist der finale Verlust von rund 300.000 Unterschriften geringer ausgefallen als erwartet. Die letztendlich erreichten (inoffiziellen) fast zwei Millionen UnterstützerInnen werden als Erfolg betrachtet (Interview 3: Pablo Sanchez (EGÖD)).

Anfangs hat die Europäische Kommission aus datenschutzrechtlichen Bedenken untersagt, dass BürgerInnen bei der Online-Stimmenabgabe auch optional ihre E-Mail-Adresse angeben konnten, um von den InitiatorInnen weiterhin mit einem Newsletter erreicht werden zu können. In den letzten Wochen der Sammlungsfrist wurde diese Möglichkeit dann realisiert, sodass die InitiatorInnen von „right2water" mehr als 20.000 E-Mail-Kontakte generieren konnten (Interview 3: Pablo Sanchez (EGÖD)). Zusätzlich konnten BürgerInnen den Newsletter dieser EBI auch über die Kampagnenhomepage www.right2water.eu bestellen. Ansonsten gibt es für die InitiatorInnen von „right2water" keinen direkten Kommunikationskanal zwischen den zwei Millionen UnterstützerInnen und den OrganisatorInnen der Bürgerinitiative.

Die unterschiedlichen Zahlen in den EU-Mitgliedstaaten vollständig zu erklären, würde den Rahmen dieser Masterarbeit sprengen. Klar ist aber, dass beispielsweise der Misserfolg im Vereinigten Königreich unter anderem damit zusammenhängt, dass die Gewerkschaften dort nicht aktiv an der Kampagne teilnahmen.

> *„Well I'll be frank about that. I was pretty angry about the trade unions in Britain pulling back from the Citizens' Initiative, not officially but not dedicating any time or resources to campaign while we have asked them several times saying: Well we think the conditions in Great Britain are very good to campaign for right2water.*" (Interview 1: Jerry van den Berge (EGÖD))

Auch in Schweden gab es große Probleme bei der Stimmensammlung. Hier erwies sich die Gewerkschaftsstrategie, lediglich ein bis zwei E-Mail-Erinnerungen bezüglich der EBI an ihre Mitglieder zu schicken, als wenig zielführend (Interview 3: Pablo Sanchez (EGÖD)). In Frankreich war beispielsweise ganz im Gegensatz zu Deutschland oder Österreich wenig mediale Aufmerksamkeit auf die Konzessionsrichtlinie gelegt worden. Jedoch war – wie in Kapitel 11.7 noch ausführlicher dargelegt wird – genau diese Debatte zu besagter Richtlinie dafür verantwortlich, dass insbesondere Deutschland das (quantitative) Zugpferd der Kampagne wurde.

In Italien und Portugal wiederum gestaltete sich die Unterschriftensammlung durchaus schwierig. Während Portugal damit zu kämpfen hatte, dass parallel zu „right2water" eine ähnliche, themenverwandte Kampagne gestartet wurde, gab es in Italien ein allgemeines Mobilisierungsproblem. Schließlich wurde dort bereits 2011 ein Referendum abgehalten, in dem sich bei einer Beteiligung von rund 60 Prozent der Wahlberechtigten insgesamt 97 Prozent (= 26 Millionen BürgerInnen) gegen die Liberalisierungen im Wassersektor aussprachen (Interview 3: Pablo Sanchez (EGÖD)). „Because the difference is that in Italy when you sign a petition it is binding (…). They actually said: OK, is this binding? No. They were actually saying what's the point in signing this" (ebda.). Die Kampagne in Italien hatte also das zentrale Problem, dass BürgerInnen nicht verstanden, warum es sinnvoll sei, für eine Initiative zu unterschreiben, die keinerlei bindende Konsequenzen hat.

Rund 1,3 bis 1,4 Millionen Stimmen wurden über das Internet gesammelt, was die starke Bedeutung des Online-Auftritts der Kampagne herausstreicht (Interview 1: Jerry van den Berge (EGÖD)). Deshalb wurden auch weniger (freiwillige) Helfer für Unterschriftenlisten benötigt. Die Software für das Online-Tool musste „right2water" selbst finanzieren und bereitstellen. ExpertInnen zufolge ist das Übersetzen der Kernforderungen in nationale Kontexte in Verbindung mit einem funktionierenden Online-Sammelsystem auch eine Hauptbedingung für eine erfolgreiche Initiative (Interview 2: Elisa Bruno (ECAS). Die Kampagnenverantwortlichen in Österreich merkten beispielsweise sofort, wie zentral die Online-Stimmensammlung war. Von GewerkschafterInnen durchgeführte Unterschriftenaktionen in Betrieben waren oftmals erfolglos, weil viele ArbeiterInnen trotz Vorankündigung weder Reisepass noch Personalausweis mit sich führten (Interview 4: Thomas Kattnig (GDG-KMSfB)). Ohne die Angabe der dazugehörigen Nummer ist eine Unterschrift in Österreich aber nicht gültig.

Die nationalen KampagnenleiterInnen der EGÖD-Koordinationsliste waren allgemein von entscheidender Wichtigkeit, weil sie unmittelbar vor Ort BürgerInnenanliegen beantworten und auf die jeweiligen nationalen Besonderheiten der Stimmensammlung eingehen konnten (Interview 3: Pablo Sanchez (EGÖD)). Außerdem waren sie es, die federführend die nationalen Allianzen aufbauten und Kampagnen-Materialien zur Verfügung stellten.

11.5 Finanzierung der Kampagne

Auf dem offiziellen Online-Register der Europäischen Kommission für alle Europäischen Bürgerinitiativen müssen auch immer alle verwendeten finanziellen Ressourcen angegeben werden. „right2water" hat in diesem Zusammenhang drei Einzelbeträge öffentlich kenntlich gemacht, welche jeweils vonseiten des Europäischen Gewerkschaftsverbandes für den öffentlichen Dienst (EGÖD) geleistet wurden (vgl. Europäische Kommission 2014h). Am 3. April 2012 hat EGÖD eine Summe von 100.000 Euro zur Verfügung gestellt. Am 18. April 2013 und am 28. November 2013 sind noch zwei weitere Teilbeträge von jeweils 20.000 Euro gefolgt (vgl. Europäische Kommission 2014h). Insgesamt hatte „right2water" also ein offizielles Gesamtbudget von 140.000 Euro, welches ausschließlich durch EGÖD aufgebracht wurde.

In der abschließenden finanziellen Erklärung bestätigen die OrganisatorInnen, dass die Geldmittel zur Durchführung der Kampagne ausschließlich von Gewerkschaftsseite kommen. Die geteilte zweite Tranche von insgesamt 40.000 Euro war nur aufgrund der durch die Kommission verlängerten Unterschriftenfrist für alle EBIs notwendig geworden (vgl. EPSU o. J.: Absatz 1).

Zusätzlich haben MitarbeiterInnen des EGÖD-Sekretariats noch teilweise ihre reguläre Arbeitszeit für die Organisation der Kampagne zur Verfügung gestellt. Auf der EGÖD-Liste zur Koordinierung der nationalen Kampagnen scheinen fünf MitarbeiterInnen des Sekretariats dieses Gewerkschaftsdachverbandes auf. In der besagten Erklärung wurde dargelegt, dass ihr Arbeitsaufwand für „right2water" umgerechnet den finanziellen und zeitlichen Umfang von eineinhalb Vollzeitstellen im Sekretariat allein für diese EBI ausmachte (vgl. ebda.: Absatz 2). Wie Jerry van den Berge im ExpertInnengespräch auch bestätigt hat, wurde zeitweise ein erheblicher Teil der regulären Arbeitszeit für die Bürgerinitiative „right2water" aufgewendet (Interview 1: Jerry van den Berge (EGÖD)).

Hinzu kommt noch die Tatsache, dass bei der Kampagnendurchführung und insbesondere der Sammlung der Unterschriften in den Mitgliedstaaten viele Organisationen und Einzelpersonen unentgeltlich mitgearbeitet haben. Diese freiwillige, unbezahlte Arbeit lässt sich schwer in Zahlen messen, weshalb die tatsächlichen Kosten dieser EBI schwer zu beziffern sind. Thomas Kattnig hat beispielsweise als zentraler Verantwortlicher der Kampagne für Österreich – wie auch alle anderen Mitglieder des EGÖD-Koordinierungskomitee – teilweise den Großteil seiner Arbeitszeit für die Bürgerinitiative aufgewendet (Interview 4: Thomas Kattnig (GDG-KMSfB)).

Bevor noch die erste EBI überhaupt initiiert wurde, hat die Nichtregierungsorganisation European Citizens' Action Service (ECAS) Berechnungen durchgeführt, wie hoch die Kosten für eine formal erfolgreiche Initiative in etwa sein könnten. Damals ging sie von rund einem Euro für jede gesammelte Unterstützungserklärung aus. Somit beträgt das notwendige Mindestbudget einer EBI rund eine Million Euro (Interview 2: Elisa Bruno (ECAS)). ECAS hat gemeinsam mit den beiden NGOs „Democracy International" und „Initiative and Referendum Institute Europe" bzw. mit den französischen Softwareentwicklern von „Click & Sign" das so genannte „ECI-Support-Centre" gegründet. Diese Plattform soll allen BürgerInnen bei den Vorbereitungen zu und während der Durchführung einer EBI helfen. Der Hauptverantwortlichen Elisa Bruno (ECAS) zufolge ist auf Basis der Erfahrungen der bisher organisierten Bürgerinitiativen davon auszugehen, dass die Schätzungen von einem Euro pro Stimme weiterhin gültig sind (Interview 2: Elisa Bruno (ECAS)). Jedoch können exakte Zahlen kaum angegeben werden, weil die tatsächlichen Kosten von Freiwilligenarbeit kaum zu beziffern sind (ebda.).

Schließlich gibt es in der Regel keine genauen Aufzeichnungen über die realen Arbeitsstunden der involvierten Personen, und selbst wenn diese Zahlen existieren würden, gäbe es keinen Richtwert für den zu berücksichtigenden Stundenlohn.

11.6 Verhältnis der Initiative zur Europäischen Kommission

11.6.1 Treffen zwischen der Kommission und den InitiatorInnen

Am Vormittag des 17. Februars 2014 haben die InitiatorInnen von „right2water" die Europäische Kommission zu einem informellen persönlichen Gespräch getroffen. Pablo Sanchez zufolge waren mehrere im thematischen Bereich dieser Europäischen Bürgerinitiative arbeitenden Generaldirektionen der Kommission vertreten: Interinstitutionelle Angelegenheiten, Landwirtschaft, Entwicklung, Umwelt, Handel, Binnenmarkt und humanitäre Hilfe (Interview 3: Pablo Sanchez (EGÖD)). Insgesamt standen die InitiatorInnen von „right2water" also einer Kommissionsdelegation von rund 20 Personen unter der Führung des allgemein für die EBI zuständigen Kommissars Maroš Šefčovič gegenüber (Interview 1: Jerry van den Berge (EGÖD)/Inteview 3: Pablo Sanchez (EGÖD)/Interview 4: Thomas Kattnig (GDG-KMSfB)).

Während des Treffens, welches in Form abwechselnder Frage-Antwort-Runden organisiert wurde, konnten die InitiatorInnen ihre Forderungen direkt an die Kommission herantragen und auch ihre Kritik am derzeitigen Modell der EBI artikulieren (Interview 1: Jerry van den Berge (EGÖD)). In Kombination mit der am Nachmittag des selben Tages vonstatten gehenden öffentlichen Anhörung im Europäischen Parlament entstand der Eindruck, die Kommission sei in ihrer ersten Reaktion darum bemüht, die Anliegen dieser Bürgerinitiative durchaus ernst zu nehmen. „I think that the reaction of the Commission was really positive" (ebda.).

11.6.2 Anhörung im Europäischen Parlament

Am Nachmittag des 17. Februars 2014 wurden die InitiatorInnen von „right2water" im Europäischen Parlament zu einer öffentlichen Anhörung bezüglich ihrer Anliegen eingeladen. BürgerInnen konnten dieses Ereignis auch von Zuhause aus über einen Internet-Livestream mitverfolgen, welcher weiterhin online abrufbar ist (vgl. Europäisches Parlament 2014). Veranstaltet wurde die Anhörung in einer gemeinsamen Sitzung vom Petitionsausschuss, vom Ausschuss für Binnenmarkt und Verbraucherschutz, vom Entwicklungsausschuss und vom Ausschuss für Umweltfragen, öffentliche Gesundheit und Lebensmittelsicherheit. VertreterInnen von fünf in diesen EP-Ausschüssen sitzenden Fraktionen waren im Saal anwesend und konnten Fragen an die InitiatorInnen sowie an die Kommission richten. Dazu zählten MEPs der Europäischen Volkspartei, SozialdemokratInnen, Grünen, Liberalen und Linken. Die Anhörung wurde vom Vorsitzenden des Umweltausschusses, Matthias Groote, von der Fraktion der „progressiven Allianz der Sozialdemokraten" geleitet. Neben ihm nahmen die Mitglieder des BürgerInnenausschusses von „right2water" und VertreterInnen der Kommission am Podium Platz. Insgesamt kamen neben dem Leiter der Anhörung Groote noch weitere 30 ParlamentarierInnen zu Wort.

Vonseiten der Kommission waren folgende Personen anwesend: Maroš Šefčovič (Vize-Präsident und Kommissar für Verwaltung und interinstitutionelle Angelegenheiten), Marianne Wenning (Direktorin der Generaldirektion Umwelt), Klaus Rudischhauser (stellvertretender

Direktor der Generaldirektion Entwicklung und Zusammenarbeit) und Jonathan Faull (Direktor der Generaldirektion Binnenmarkt und Dienstleistungen).

Selbst der Ausschuss der Regionen und der Wirtschafts- und Sozialausschuss entsendeten einen Vertreter bzw. eine Vertreterin, welche jeweils eine Frage stellen durften. Für den AdR war der Präsident Michèle Lebrun vor Ort, für den EWSA die ArbeitnehmerInnenvertreterin An Le Nouail Marlière (vgl. Europäisches Parlament 2014: 03:07:25 bis 03:12:20). Einzig der Rat der Europäischen Union war offiziell durch niemanden bei der Anhörung vertreten, was der Vorsitzende Groote am Ende der Veranstaltung auch kritisierte (vgl. ebda: 03.26:50).

Vonseiten der Bürgerinitiative konnten acht VertreterInnen ihre Anliegen vortragen. Darunter waren folgende Mitglieder des BürgerInnenausschusses: Anne-Marie Perret (Vorsitzende), Jan-Willem Goudriaan (stellvertretender Vorsitzender), Annelie Nordström, Rosa Maria Pavanelli, Pedro Arrojo Agudo und Tommaso Fattori. Dazu erhielten auch noch Didier Dumont und Erhard Ott das Wort. Diese beiden letzten Personen sind Teil des EGÖD-Komitees zur nationalen Koordinierung der Kampagne (vgl. right2water 2013b). Dumont ist für den französischen Gewerkschaftsverband CGT aktiv, Ott im Bundesvorstand der deutschen Dienstleistungsgewerkschaft Ver.di. tätig. Bezeichnenderweise für die Bedeutung der Gewerkschaften bei dieser Bürgerinitiative sind bis auf Arrojo Augdo (Wissenschafter) und Fattori (Vertreter der NGO „Italian Water Movement“) alle anderen genannten Personen auch tatsächlich GewerkschafterInnen. Jedoch haben sie sich nicht dezidiert als solche zu erkennen gegeben, sondern darauf gepocht, in dieser Anhörung als VertreterInnen des BürgerInnenausschusses zu agieren.

Grundsätzlich war die Anhörung in drei Teile unterteilt, welche sich an den drei Kernforderungen der Initiative orientierten. So wurde zuerst über den Zugang zu sauberem Trinkwasser und einer funktionierenden Abwasserversorgung aller EuropäerInnen diskutiert, dann über die globale Dimension dieser Thematik und zuletzt über die Frage der Liberalisierungen öffentlicher Wasserdienstleistungen in der EU. Für jeden Teilbereich wurde eine Stunde anberaumt. Jeder Teil begann mit einer Einführung der InitiatorInnen, gefolgt von zwei Runden mit Wortmeldungen jeweils eines Vertreters oder einer Vertreterin der oben genannten

Fraktionen und wurde mit einer Antwort vonseiten der InitiatorInnen bzw. der Kommission beendet.

Die Vorsitzende von EGÖD und des BürgerInnenausschusses von „right2water", Anne-Marie Perret, erklärte in ihren einleitenden Worten, warum überhaupt in diesem Themenfeld eine EBI gestartet wurde (vgl. Europäisches Parlament 2014: 00:16:40). Wasser sei keine Handelsware, und die individuellen wie kollektiven Rechte der BürgerInnen in der EU müssten vor einer ausuferenden Kommodifizierung breiter gesellschaftlicher Bereiche geschützt werden (vgl. ebda.: 00:25:00 bis 00:29:30).

Beim ersten Teil der Anhörung wurde schnell klar, dass es einen Grundkonsens zwischen Kommission, Parlament und den InitiatorInnen bezüglich des Menschenrechts auf Wasser gibt. Niemand stellte diese Kernforderung der EBI in Frage. Während die VertreterInnen der SozialdemokratInnen, Grünen und Linken schon zu Beginn anklingen ließen, dass sie weiteren Liberalisierungen im Wasserbereich negativ gegenüberstehen, strichen MEPs der Volkspartei und der Liberalen ihre Zweifel gegenüber einem völligen Liberalisierungsstopp hervor. Es gab also große Auffassungsunterschiede, wie dieses Grundrecht auf Wasser zu erreichen sei.

Exemplarisch sei hier die Stellungnahme des Sozialdemokraten Jo Leinen erwähnt, der in seiner Wortmeldung die Perspektive der Bürgerinitiative teilte, dass Wasser eben keine Handelsware sei und die Versorgungsleistungen von der öffentlichen Hand organisiert werden sollten (vgl. ebda.: 00:31:50 bis 00:34:18). Demgegenüber äußerte Chris Davies von den Liberalen Bedenken, ob in manchen Fällen nicht doch private Unternehmen effizienter und konsumentInnenfreundlicher agieren würden. Er führte in diesem Zusammenhang das Beispiel von Großbritannien an, wo die Wasserversorgung nach der Privatisierung seiner Ansicht nach gut funktioniere (vgl. ebda.: 00:34:18 bis 00:36:10).

Beim zweiten Teil zur globalen Dimension des Menschenrechts auf sauberes Trinkwasser und eine funktionierende Sanitärversorgung zeigten sich die konsensualen Elemente dieses Aspekts der behandelten Thematik deutlich. Selbst die fünf vertretenen EP-Fraktionen stimmten darin überein, dass die Europäische Union im Rahmen ihrer Entwicklungspolitik grundsätzlich mehr Engagement in der Verwirklichung des universellen Menschenrechts auf Wasser an den Tag legen müsse (vgl. Europäisches Parlament 2014: 01:45:00 bis 01:51:40).

Die im letzten Drittel der Anhörung debattierte Frage der Liberalisierungen von Dienstleistungen im Bereich der Wasserversorgung war demgegenüber deutlich kontroverser. In seiner Einleitung dieser dritten Runde erläuterte Erhard Ott die ablehnende Haltung von „right2water" gegenüber Privatisierungen im Bereich der Wasserversorgung folgendermaßen: Das Grundrecht auf Wasser könne nur geschützt werden, wenn selbiges vor Marktinteressen geschützt sei. Menschenrechte zu verwirklichen sei insofern eine grundsätzliche staatliche Aufgabe (vgl. Europäisches Parlament 2014: 02:17:10 bis 02:23:40). Ott verwies auch auf den Beschluss des EP, bei dem Wasser als öffentliches Gut und der Zugang zu selbigem als Grundrecht zu betrachten sei. Diesbezüglich gibt es mehrere Beschlüsse des Europaparlaments, wobei zuletzt 2012 dieses Grundrecht von den Abgeordneten eingefordert wurde (vgl. Europäisches Parlament 2012: Unterpunkt 2).

In diesem Zusammenhang müsse die Europäische Kommission bei Verhandlungen zu Freihandelsabkommen wie jenem mit Kanada (CETA) oder mit den USA (TTIP) kritisch beobachtet werden. Derartige Abkommen sollten nicht die demokratische Kontrolle der öffentlichen Daseinsvorsorge untergraben (vgl. Europäisches Parlament 2014: 02:17:10 bis 02:23:40). Dieser Argumentation schlossen sich die Abgeordneten der SozialdemokratInnen, Grünen und Linken umgehend an. Der griechische MEP Nikolaos Chountis der Linken kritisierte darüber hinaus die Rolle der Kommission im Rahmen der Troika. Diese würde den Verkauf staatlicher Unternehmen in Griechenland einfordern und dadurch direkt die Privatisierung der öffentlichen Wasserversorgung fördern. Für Chountis widerspreche sich die Kommission insofern auch in der Mitteilung an „right2water", wonach nationalstaatliche Eigentumsverhältnisse nicht von ihr in Frage gestellt werden könnten (vgl. ebda.: 02:46:0 bis 02:48:02). Auch die Fraktionen der SozialdemokratInnen und Grünen waren der Meinung, dass die Kommission sich zwar öffentlich zum Grundrecht auf Wasser bekenne, innerhalb der Troika aber Mitgliedstaaten wie Griechenland, Spanien oder Portugal zu Liberalisierungen der Wasserversorgung zwinge und so über Umwegen sehr wohl in die nationale Eigentumsordnung eingreife (vgl. ebda.: 02:38:00 bis 02:41:21).

Abschließend waren sich alle MEPs aber in einem Punkt einig: Die Kommission sei zum Handeln aufgefordert. Sie müsse die von der Bürgerinitiative vorgetragenen Anliegen prinzipiell ernst nehmen. So wurde bei der Anhörung deutlich, dass diese Veranstaltung nicht nur eine Gelegenheit für die InitiatorInnen bietet, ihre Forderungen einzubringen, sondern insbesondere die Abgeordneten zum EP eine Chance bekommen, mithilfe einer (teilweisen) Solidarisierung mit den InitiatorInnen der Bürgerinitiative ihre fraktionellen Anliegen gegenüber der Kommission voranzutreiben.

Diese Allianz einzelner Fraktionen im EP und der InitiatorInnen von „right2water“ manifestierte sich in besonderer Weise bei den abschließenden Worten des Leiters der Anhörung, Matthias Groote. Er wies ausdrücklich darauf hin, dass das EP schon mehrmals bewiesen habe, von der Kommission ausgehandelte Abkommen schlussendlich platzen lassen zu können, falls bestimmte BürgerInnenanliegen nicht ausreichend berücksichtigt werden (vgl. Europäisches Parlament 2014: 03:26:50 bis 03:30:22). So gesehen kann das Europäische Parlament eine erfolgreiche Bürgerinitiative dazu nützen, die eigene institutionelle Machtposition gegenüber anderen EU-Organen versuchen auszubauen. Außerdem können einzelne EP-Fraktionen im Fahrtwind einer EBI das eigene politische Profil gegenüber anderen Fraktionen schärfen.

Bei der Anhörung wurde die politische Unterstützung der Europäischen Bürgerinitiative „right2water“ durch die Fraktionen der SozialdemokratInnen, Grünen und Linken erneut deutlich. Wie bereits oben dargestellt, haben einzelne Abgeordnete dieser Fraktionen schließlich schon während der Kampagne ihre offizielle Unterstützung der Anliegen dieser EBI bekanntgegeben.

Das Fallbeispiel „right2water“ beweist folglich, dass dieses direktdemokratische Instrument der EBI BürgerInnen helfen kann, nicht nur die Kommission, sondern auch die Abgeordneten zum EP, den EWSA und den AdR zu einer klaren Positionierung für oder gegen die vorgebrachten Anliegen zu zwingen (vgl. Beier 2011: S. 43).

Die Anhörung wurde insgesamt von den InitiatorInnen als relativ positiv betrachtet, weil sie ihnen die Möglichkeit gab, die Kommission öffentlich- und medienwirksam mit den Forderungen zu konfrontieren und zur direkten Stellungnahme aufzufordern (Interview 1: Jerry van den Berge (EGÖD)).

11.6.3 Offizielle Mitteilung der Kommission

Als die Kommission dann rund einen Monat nach der Anhörung und dem persönlichen Treffen ihre schriftliche Mitteilung veröffentlichte, war der Ärger und Unmut darüber bei den OrganisatorInnen von „right2water" äußerst groß.

> *„Also ich habe es damals als sehr enttäuschend nicht nur empfunden, sondern auch kommuniziert, weil die Kommission sich sehr sehr stark auf den Standpunkt zurückgezogen hat, sie hat hier keine Kompetenz, was ich durchaus bezweifle."* (Interview 4: Thomas Kattnig (GDG-KMSfB))

Kern der Enttäuschungen ist das Ausbleiben eines Legislativvorschlags zur europarechtlichen Verankerung des Menschenrechts auf Zugang zu sauberem Trinkwasser und einer funktionierenden Abwasserversorgung, kurzum eine Ablehnung der Kernforderung dieser Bürgerinitiative (Interview 1: Jerry van den Berge (EGÖD)/Interview 3: Pablo Sanchez (EGÖD)).

Zuallererst hat die Kommission in ihrer offiziellen Stellungnahme betont, wie groß die demokratiepolitische Bedeutung der Europäischen Bürgerinitiative sei (vgl. Europäische Kommission 2014a: S. 1). In der offiziellen Pressemitteilung der Europäischen Kommission wurde auch wiederholt herausgestrichen, dass die Kommission die EBI „right2water" und deren Forderungen explizit begrüße (vgl. Europäische Kommission 2014c). Bei genauerer Analyse des Inhalts der Mitteilung an die InitiatorInnen offenbaren sich diese Versprechungen jedoch weitestgehend als Lippenbekenntnisse.

In besagter Mitteilung hat die Kommission ihre eigenen Anstrengungen zusammengefasst, mit denen sie den Zugang zu sauberem Wasser und eine funktionierende Sanitärversorgung für alle in der EU lebenden Personen zu verwirklichen versuchte (vgl. Europäische Kommission 2014a: S. 4–5). Damit sind nicht nur die Bereitstellung ausreichender Fördermittel zum Ausbau der Infrastruktur in den Mitgliedstaaten gemeint, sondern auch die Etablierung rechtlicher Rahmenbedingungen zur Sicherung der Wasserqualität. Insofern sei die zentrale Bedeutung des Rechts auf Wasser bereits durchgehend im EU-Recht anerkannt. Insbesondere die EU-Wasserrahmenrichtlinie würde den besonderen Charakter von Wasser hervorheben und dieses Gut explizit nicht als Handelsware klassifizieren (vgl. Europäische Kommission 2014a: S. 3). Außerdem verwies die Kommission in diesem Zusammenhang auch auf die dezidierte Ausnahme der Wasserver- und -entsorgung aus der Richtlinie über die Vergabe von Konzessionen in der EU (vgl. ebda.: S. 6).

Daran anschließend wurde ein Maßnahmenkatalog vorgestellt, um den Anliegen von „right2water" nachzukommen. Im Wesentlichen handelt es sich dabei um Vertiefungen bestehender Vorhaben. So will die Kommission die vollständige Umsetzung des EU-Wasserrechts in den Mitgliedstaaten durchsetzen, hinsichtlich der bestehenden Trinkwasserrichtlinie eine öffentliche Konsultation zur Evaluierung der selbigen starten und die Wasserrahmenrichtlinie überprüfen (vgl. Europäische Kommission 2014a: S. 8–9).

Die öffentliche Konsultation zur Trinkwasserrichtlinie wurde bereits im Sommer 2014 durchgeführt, wobei die Auswertung der Ergebnisse noch auf sich warten lässt.

Des Weiteren möchte sich die Kommission für mehr Transparenz bei Verwaltung von Wasserdienstleistungen bzw. für neue Richtwerte für die Qualität von Wasser(dienstleistungen) einsetzen (vgl. Europäische Kommission 2014a: S. 10–11). Unter anderem dafür soll auch ein „strukturierter Dialog zwischen den InteressensträgerInnen über die Transparenz in der Wasserwirtschaft" (ebda.: S. 14) eingeleitet werden. Es geht ihr also um das Sammeln von Daten, um das Einholen fachlicher Expertise und die bessere Vernetzung der BetreiberInnen bzw. erhöhte Transparenz für die allgemeine Öffentlichkeit.

Hinsichtlich der zweiten Kernforderung von „right2water" bezüglich der gänzlichen Ausnahme des Wassersektors von künftigen Liberalisierungen und Privatisierungsbestrebungen hat die Europäische Kommission keinen Vorschlag in ihrer Mitteilung inkludiert. Zwar ist – wie bereits dargelegt – die Wasserver- und -entsorgung von der Konzessionsrichtlinie ausgeschlossen, jedoch wird diese Klausel fünf Jahre nach Verabschiedung der Richtlinie wieder einer Überprüfung unterzogen. Die Kommission hat somit Wasser aus dem Geltungsbereich der Richtlinie nur bedingt bis zur Vorlage eines Evaluierungsberichts 2019 ausgenommen.

Die Kommission beteuert im Allgemeinen in ihrer Mitteilung, „dass die AEUV-Regeln, nach denen die EU zu Neutralität gegenüber den einzelstaatlichen Entscheidungen über die Eigentumsordnung für Wasserversorgungsunternehmen verpflichtet ist, in vollem Umfang eingehalten werden“ (Europäische Kommission 2014a: S. 9). Aus dieser Perspektive wäre für die Kommission eine EU-Rechtsvorschrift zum Stopp von Liberalisierungen der öffentlichen Wasserversorgung nicht legitim, weil die EU grundsätzlich keine Rechtsakte zur Regelung der Eigentumsordnung in den Mitgliedstaaten erlassen dürfe (vgl. ebda.: Fußnote 29).

Angesichts der dritten Kernforderung von „right2water“, dass die EU auch den universellen Zugang zu sauberem Trinkwasser und einer funktionierenden Sanitärversorgung forcieren soll, hat die Kommission im Wesentlichen zwei Vorschläge geäußert. Zum einen sollen bei der EU-Entwicklungspolitik nicht gewinnorientierte Konzepte in der Wasserwirtschaft stärker unterstützt und insbesondere so genannte „öffentlich-öffentliche Partnerschaften“ gefördert werden (vgl. ebda.: S. 11–12).

Zum anderen spricht sich die Kommission für ein Priorisieren des Wassersektors bei der UNO-Entwicklungsagenda nach 2015 aus. Der universelle Zugang zur Wasserversorgung soll auch in einer Mitteilung der Kommission über die EU-Entwicklungspolitik nach 2015 berücksichtigt werden (vgl. ebda.: S. 13).

Abschließend forderte die Kommission in ihrer Mitteilung die EU-Mitgliedstaaten auf, im Rahmen ihrer Verantwortungsbereiche den Forderungen von „right2water“ nachzukommen und selbst alles Notwendige in die Wege zu leiten, um „gesundheitlich unbedenkliches, sauberes und erschwingliches Wasser für alle zur Verfügung“ (Europäische Kommission 2014a: S. 15) zu stellen.

Noch am Tag der Veröffentlichung der Kommissionsmitteilung reagierte die Initiative „right2water“ mit einer Stellungnahme, welche bezeichnenderweise für die Bedeutung der Gewerkschaften bei dieser EBI in Form einer gemeinsamen Pressemitteilung mit EGÖD abgegeben wurde (vgl. EGÖD 2014). Darin wird der Umstand besonders kritisiert, dass die Kommission dezidiert keinen EU-Gesetzesvorschlag zur Verankerung des Menschenrechts auf Wasser unterbreiten möchte. Außerdem fordern die InitiatorInnen trotz rechtlicher Bedenken der Kommission weiterhin die rechtliche Absicherung des Liberalisierungsstopps der Wasserver- und -entsorgung in der EU (vgl. ebda.: Absatz 3). Des Weiteren wird kritisch angemerkt, dass trotz der Herausnahme des Wasserbereichs aus der Konzessionsrichtlinie dieser Sektor bei Freihandelsabkommen, wie beispielsweise bei jenem mit den USA (TTIP) oder

Kanada (CETA), nicht exkludiert wurde (vgl. ebda.). Eben diese Punkte wurden von den befragten ExpertInnen auch durchwegs angesprochen. „Well it is the usual way of the Commission of just saying: Everything you ask we are already doing" (Interview 3: Pablo Sanchez (EGÖD)).

Entgegen den Beteuerungen der Kommission, sie hätte in vielen Bereichen keine Kompetenz, sehen die zentralen Akteure bei „right2water" durchaus einen erheblichen Handlungsspielraum. Dazu zählt Kattnig beispielsweise die Möglichkeit der dezidierten Ausnahme des Wasserbereichs bei Verhandlungen zu Freihandelsabkommen und Möglichkeiten im Rahmen des Wettbewerbs- und Beihilfenrechts (Interview 4: Thomas Kattnig (GDG-KMSfB)). Neben diesen Kritikpunkten an der Kommissions-Mitteilung begrüßen die InitiatorInnen aber auch einige vorgeschlagene Vorhaben. Zum einen wird die prinzipielle Anerkennung der Verantwortlichkeit der Kommunen und lokalen Autoritäten für Wasserdienstleistungen durch die Kommission wertgeschätzt (vgl. EGÖD 2014: Absatz 4/Europäische Kommission 2014a: S. 6). Auch die Folgemaßnahmen zur Überprüfung der EU-Wasserrahmenrichtlinie und die öffentliche Konsultation zur Trinkwasserrichtlinie werden als positiv erachtet und als Gelegenheit betrachtet, das Menschenrecht auf Wasser in der EU umzusetzen (vgl. EGÖD 2014: Absatz 6). Zudem zeigt sich „right2water" erfreut über die Selbstverpflichtung der Kommission zur Förderung alternativer entwicklungspolitischer Ansätze (vgl. ebda.: Absatz 5).

Selbst wenn die Kommission dies nicht dezidiert ausgesprochen hat, so bestätigt die schriftliche Mitteilung doch jene Position, welche sie bereits bei der Anhörung im EP vertreten hatte. Wasser wird nicht in Rahmen eines eigenen Gesetzesvorschlags als Grundrecht für alle EuropäerInnen verankert. Gleichsam wird der Bereich der Wasserver- und -entsorgung nicht explizit aus den EU-Binnenmarktregeln herausgenommen. Diesen Kernanliegen von „right2water", welche auch in der Anhörung immer wieder vorgebracht wurden, wird nicht Folge geleistet werden (vgl. Europäisches Parlament 2014: 03:12:20 bis 03:18:10).

So gesehen betrachten die maßgeblichen Akteure hinter dieser ersten formal erfolgreichen EBI die Reaktion der Kommission als durchaus ambivalent. „So on the content we were disappointed saying this is very little - the outcome what the Commission is doing" (Interview 1: Jerry van den Berge (EGÖD)). Es war ihnen aber durchaus bewusst, dass die

Kommission auf Basis der Umsetzungsverordnung 211/2011 überhaupt keine Zugeständnisse bezüglich ihrer Anliegen machen hätte müssen (Interview 1: Jerry van den Berge (EGÖD)/Interview 3: Pablo Sanchez (EGÖD)). Denn schließlich zwingt der rechtliche Rahmen der Europäischen Bürgerinitiative die Europäische Kommission nicht dazu, automatisch Gesetzesinitiativen zu starten. „It was clear since the beginning that the ECI cannot impose anything on the European Commission" (Interview 2: Elisa Bruno (ECAS)). Insofern werden die kleinen Zugeständnisse der Kommission und allgemein das Sammeln von fast zwei Millionen Unterstützungserklärungen bzw. der Umstand, dass „right2water" nicht nur die bisher meisten Unterschriften sammelte, sondern auch die erste formal erfolgreiche Initiative war, als vorzeigbare Erfolge gefeiert (Interview 3: Pablo Sanchez (EGÖD)/Interview 4: Kattnig (GDG-KMSfB)).

Zusammengefasst ist den InitiatorInnen trotz der Enttäuschung über die wenig ambitionierte Mitteilung der Kommission also klar, dass eine völlige Übernahme der Forderungen von „right2water" durch die Kommission ohnehin kein realistisches Ziel war. Thomas Kattnig bringt diese pragmatische Haltung innerhalb von „right2water" auf den Punkt:

> *„Also es gibt eine Reihe von Anknüpfungspunkten, wo die Kommission durchaus Kompetenz hat. Aber es hat mich jetzt nicht wirklich erschreckt oder verwundert, dass die Reaktion in diese Richtung gegangen ist, weil die Kommission davor bereits eine wichtige Vorleistung erbracht hat. Nämlich im Bereich der Auftragsvergabe, der Konzessionsvergabe den Wasserbereich explizit auszunehmen, allerdings nur temporär, nämlich bis zu einer Evaluierung in fünf Jahren. Aber das war eine Vorleistung, die ganz entscheidend war."* (Interview 4: Thomas Kattnig (GDG-KMSfB))

11.7 „Right2water" & die „Konzessionsrichtlinie"

Im Dezember 2011 hat die Europäische Kommission einen Richtlinienvorschlag zu den europaweiten Vergabekriterien bei Konzessionen veröffentlicht. Diese so genannte „Konzessionsrichtlinie" sollte auch etwaige Liberalisierungen im Bereich der Wasserver- und -entsorgung regulieren, was unter anderem auch ein Kernthema von „right2water" ist. Die Initiierung dieser EBI war aber nicht als unmittelbare Reaktion auf diesen

Kommissionsvorstoß gedacht. Jedoch sprachen sich die InitiatorInnen umgehend gegen die Regelung des Wasserbereichs in der Richtlinie aus. Nach einigen Debatten im Rat der Europäischen Union kam es am 23. Jänner 2013 zur ersten Abstimmung über die Richtlinie im Binnenmarktausschuss des Europäischen Parlaments.

> *„Wir wussten, dass Wasserver- und -entsorgung ein integraler Bestandteil sein wird. Dass der Höhepunkt der Diskussion dann während der Zeit der Bürgerinitiative war, okay. Aber diese Eskalation wurde auch bewusst herbeigeführt, weil dieses Thema wurde von uns vorbereitet, dieses Thema wurde von uns behandelt und wir haben gewusst, dass mit der Beschlussfassung einer Position im Binnenmarktausschuss dann natürlich der politische Druck extrem hoch sein wird."* (Interview 4: Thomas Kattnig (GDG-KMSfB))

„Right2water" ist folglich nicht als direkte Reaktion auf die Konzessionsrichtlinie entstanden, wenngleich der Kommissionsvorschlag als einmalige Chance begriffen wurde, um Aufmerksamkeit für die EBI zu generieren und dadurch den politischen Druck auf die EU-EntscheidungsträgerInnen bei besagter Richtlinie zu erhöhen.

Die InitiatorInnen von „right2water" warfen der Europäischen Kommission im Allgemeinen und dem damals zuständigen Kommissar für den Binnenmarkt Michel Barnier insbesondere vor, mit ihrem Vorschlag Liberalisierungen im Bereich der Wasserver- und -entsorgung zu fördern. „Well the main problem is actually that the concession directive is a form of liberalizing water services. It aims to increase competition in sectors and the water sector was mentioned as one of the sectors" (Interview 1: Jerry van den Berge (EGÖD)).

In diesem Buch geht es nicht um die Konzessionsrichtlinie selbst, weshalb eine intensivere Auseinandersetzung mit deren Inhalt bzw. der Kritik von „right2water" daran ausgespart bleibt. Vielmehr wurde auch in den ExpertInneninterviews die Frage thematisiert, welche Wechselwirkungen es zwischen den Diskussionen zur Richtlinie und der Europäischen Bürgerinitiative gab.

11.7.1 Wechselwirkungen zwischen „right2water" und der Richtlinie

Die Konzessionsrichtlinie tangierte aus Sicht der InitiatorInnen das zweite Kernanliegen der Bürgerinitiative, den geforderten Liberalisierungsstopp im Bereich der Trinkwasser- und Sanitärversorgung. So wurde versucht, die Auswirkungen des diskutierten Kommissionsvorschlags auf die Lebensrealitäten aller in der EU lebenden Menschen herunterzubrechen. Diese Strategie umfasste unter anderem auch eine intensive Zusammenarbeit mit JournalistInnen im Rahmen von systematischen Hintergrundgesprächen.

> *„Das heißt, wir haben uns Zeit genommen, mit ausgewählten Journalisten, um ihnen diesen komplizierten Sacherhalt auch einmal klar auf den Tisch zu legen. Denn öffentliche Auftragsvergabe und im Speziellen noch die Konzessionsvergabe ist ein derartig komplizierter Mechanismus, der natürlich einem Journalisten nicht unbedingt geläufig ist. Wir haben nie von Privatisierung gesprochen, wir haben immer von Liberalisierung gesprochen. Und aus der Erfahrung heraus: Nach der Liberalisierung kommt natürlich dann meistens sogar fast zwingend Privatisierung von öffentlichen Dienstleistungen.“* (Interview 4: Thomas Kattnig (GDG-KMSfB))

Im Dezember 2012 haben sich in Deutschland JournalistInnen des Fernsehsenders ARD selbst pro-aktiv der Thematik angenommen, und im Rahmen der Sendung „ARD-Monitor“ einen Bericht zur Konzessionsrichtlinie produziert, in dem sie Kommissar Barnier auch mit der EBI „right2water“ konfrontierten.[31] Ein paar Wochen später trat der deutsche Kabarettist Erwin Pelzig in seiner Sendung „Neues aus der Anstalt“ im deutschen Fernsehsender ZDF ebenfalls gegen die Konzessionsrichtlinie auf und machte explizit Werbung für die Bürgerinitiative.[32]

---

31) ARD-Monitor (2012): ARD-Monitor 13. Dezember 2012. Geheimoperation Wasser – EU fördert Wasserprivatisierung. Online verfügbar unter: https://www.youtube.com/watch?v=Xq4ncp-iNNA; abgerufen am 9. Dezember 2014.

32) Neues aus der Anstalt (2013): Erwin Pelzig über die EU, Wasser und right2water. Erstausstrahlung am 22. Jänner 2013. Online verfügbar unter: https://www.youtube.com/watch?v=gBg5AY5rfvQ; abgerufen am 9. Dezember 2014.

Beide Beiträge waren kurz darauf über das Online-Portal „Youtube" abrufbar, was deren europaweite Verbreitung entscheidend erleichterte. Diese Ereignisse sind völlig ohne Zutun und Wissen von „right2water" entstanden und veröffentlicht worden, bescherten der EBI aber enorme öffentliche Aufmerksamkeit, was sich insbesondere in den Unterschriftenzahlen für Deutschland bzw. aufgrund der deutschsprachigen Sendungen auch für Österreich positiv auswirkte (Interview 3: Pablo Sanchez (EGÖD)/Interview 2: Elisa Bruno (ECAS)).

Nicht zuletzt durch diese ungeplante Eigendynamik lassen sich die verhältnismäßig hohen Stimmenanteile in Deutschland und Österreich erklären. Die mehr als eine Million Unterstützungserklärungen aus Deutschland waren schließlich die zentrale Basis für den formalen Erfolg von „right2water". Die OrganisatorInnen der EBI versuchten die Kampagne im deutschsprachigen Raum dahingehend zu adaptieren, dass die BürgerInnen angesichts der Konzessionsrichtline über ihre unmittelbare, direkte Betroffenheit zur Unterzeichnung der Initiative mobilisiert werden sollten. „Wenn es um das österreichische Wasser geht, dann spielen auch die Medien mit, dann spielen die Bürgerinnen und Bürger mit und daher hast du natürlich damit ein wichtiges Thema, das den Nerv ganz einfach trifft" (Interview 4: Thomas Kattnig (GDG-KMSfB)).

Die jeweiligen nationalen Adaptierungen der europaweiten Kampagne der Bürgerinitiative spiegelten sich beim politischen Kampf gegen die Konzessionsrichtlinie gut wider. Zu dieser Richtlinie hat es im österreichischen Nationalrat im Jänner 2013 eine Sondersitzung gegeben. Für die maßgeblichen Akteure der „right2water"-Kampagne in Österreich war dies vor allem aufgrund der erhöhten medialen Aufmerksamkeit eine gute Gelegenheit, für die EBI verstärkt Werbung zu machen. „Da bin ich mir aber an und für sich wie ein Medienpolitiker vorgekommen, weil da habe ich wirklich tagtäglich mehrere Interviews gegeben." (ebda.)

Schlussendlich wurde die Konzessionsrichtlinie im Europäischen Parlament im Jänner 2014 und kurze Zeit später im Rat der EU in abgeänderter Form verabschiedet. Der Bereich der Wasserver- und -entsorgung ist zumindest für fünf Jahre ausgenommen. Danach soll eine Evaluierung vorgenommen werden.

Die InitiatorInnen von „right2water" sehen es als ihren ersten großen Erfolg an, noch vor Ende der Unterzeichnungsfrist ihrer EBI die von ihnen geforderten Änderungen der Richtlinie zur Vergabe von Konzessionen tatsächlich bekommen zu haben (Interview 1: Jerry van den Berge (EGÖD)/Interview 2: Pablo Sanchez (EGÖD)/Thomas Kattnig (GDG-KMSfB)).

11.8 Kritik der InitiatorInnen am derzeitigen Modell der EBI

Während der fast zweijährigen Kampagne zur Europäischen Bürgerinitiative „right2water" offenbarten sich für die InitiatorInnen einige Hürden und Unzulänglichkeiten in der aktuellen Version dieses direktdemokratischen Instruments. Zum einen handelt es sich um technische Fragen, beispielsweise bei der Sammlung der Unterschriften. Zum anderen übten die InitiatorInnen mehrmals Kritik an der Umsetzungsverordnung 211/2011 und der rechtlich-politischen Reichweite der EBI.

Bei der Stimmensammlung hatten die InitiatorInnen von „right2water" einen erheblichen Nachteil gegenüber den nach ihnen kommenden EBIs. Sie mussten zwar nicht den Server für die Datensammlung, wohl aber die Software zur Online-Unterzeichnung selbst anbieten. Die Kommission bietet eine entsprechende Software erst seit kurzem an. Zusätzlich haben die unterschiedlichen Bestimmungen hinsichtlich der beim Unterzeichnen anzugebenden personenbezogenen Daten für große Probleme gesorgt. Insbesondere die eingeforderte Nummer des Personalausweises oder Reisepasses in Österreich hat für Schwierigkeiten bei der Mobilisierung der Bevölkerung gesorgt. Österreich zählte zu eben jenen Ländern, die überproportional viele Stimmen gesammelt haben. Jedoch wurde laut den InitiatorInnen das vorhandene Potential bei weitem nicht voll ausgeschöpft und immer wieder auch bemerkt, wie aufgrund der strengen Zugangskriterien BürgerInnen die Inanspruchnahme dieses Instruments mit gewisser Skepsis betrachten (Interview 3: Pablo Sanchez (EGÖD)/Interview 4: Thomas Kattnig (GDG-KMSfB)). Insofern wird vonseiten der Bürgerinitiative eine europaweite Harmonisierung der Zugangskriterien gefordert (ebda.).

Außerdem ist der Text mit den Forderungen einer EBI auf dem offiziellen Online-Register der Kommission auf lediglich 800 Zeichen beschränkt, wenngleich die Möglichkeit besteht, in einem angehängten Dokument die Ziele genauer darzulegen. Der Rahmen von 800 Zeichen entspricht in etwa einer halben A4-Seite. Ein derart begrenzter Spielraum zur Erläuterung der Kernforderungen einer Kampagne war aus Sicht der InitiatorInnen von „right2water“ eine vermeidbare Hürde (Interview 3: Pablo Sanchez (EGÖD)).

Bei der Kritik am rechtlichen Rahmen der EBI wurde unter anderem angemerkt, dass es keinerlei finanzielle Unterstützung für die InitiatorInnen gibt. Eine mögliche Neuerung könnte die Refinanzierung eines Teils der Kampagnenkosten für alle formal erfolgreichen Initiativen sein, im Speziellen für die Übersetzung der Forderungstexte auf dem amtlichen Register in alle EU-Sprachen ((Interview 3: Pablo Sanchez (EGÖD)).

Bezüglich des politischen Potentials der EBI wurde kritisch beäugt, dass die Kommission lediglich eine formale Antwort an die InitiatorInnen richten muss, aber keinerlei Verpflichtungen bei der Umsetzung der Forderungen hat. Denkbar wäre demgegenüber ein neues Modell der Bürgerinitiative, wo ab einer bestimmten Anzahl von Unterschriften eine verpflichtende europaweite Abstimmung durchgeführt werden müsse (Interview 3: Pablo Sanchez (EGÖD)). Schließlich zeige nicht nur das Beispiel „right2water“, dass die Kommission ein Anliegen nicht direkt umzusetzen gedenkt und ihre Antwort für die InitiatorInnen in der Regel wenig zufriedenstellend ist. „No, I don’t think that any ECI will get the response they want. I mean that’s the play of the Commission to water it down to the level that is acceptable to them“ (ebda.).

Ganz allgemein liegt die Problematik der Umsetzungsverordnung beim de facto zweistufigen Zulassungsverfahren. Zum einen muss eine EBI von der Kommission – wie in Kapitel 7.1.1 dieser Arbeit ausführlich dargelegt – erst einmal als formal zulässig bewertet werden, um überhaupt offiziell Unterschriften sammeln zu dürfen. Nach dieser rechtlichen Zulassung und dem Erlangen der notwendigen Unterschriften sind BürgerInnen mit dem von ihnen geforderten Anliegen noch lange nicht durchgekommen. Denn in diesem Stadium entscheidet die Kommission in ihrer Mitteilung darüber, inwiefern die Forderungen einer EBI überhaupt umgesetzt werden. Diese fehlende rechtliche Verbindlichkeit formal erfolgreicher Bürgerinitiativen erschwert das Durchführen und die politische Durchschlagskraft derselbigen maßgeblich. Für 2015 hat die Europäische Kommission eine Überarbeitung der Umsetzungsverordnung 211/2011 angekündigt, wobei der genaue Ablauf und die Struktur des Evaluierungsprozesses noch offen sind (Interview 2: Elisa Bruno (ECAS)).

Darüber hinaus sollten PolitikerInnen das Instrument in den Mitgliedstaaten besser bekannt machen. Bei der Sammlung der Unterschriften wurde den OrganisatorInnen nämlich klar, dass sie den meisten BürgerInnen überhaupt erst einmal erklären mussten, was die Europäische Bürgerinitiative denn überhaupt ist (Interview 1: Jerry van den Berge (EGÖD)).

Neben diesen negativen Aspekten des derzeitigen Modells der EBI haben die InitiatorInnen von „right2water" aber auch positive Effekte eines derartigen Instruments ausgemacht. Allgemein ist die EBI ein gutes Mittel für Gewerkschaften und NGOs, ihren Forderungen mithilfe der ausreichenden Unterstützung von EU-BürgerInnen Gehör zu verschaffen und in diesem Prozess gleichzeitig europaweite Koalitionen und dauerhafte Allianzen für weitere gemeinsame politische Kampagnen aufzubauen (Interview 3: Pablo Sanchez (EGÖD)/Interview 4: Thomas Kattnig (GDG-KMSfB)).

Nicht zuletzt sehen die InitiatorInnen die Inanspruchnahme dieses partizipatorischen Instruments auch als elementares Teilstück einer funktionierenden demokratischen Gesellschaftsordnung (Interview 4: Thomas Kattnig (GDG-KMSfB)). „I am like a democratic idealist and I think it contributes. It is a small tool. You can't change the European Commission. You can't change the European policy but you can raise an issue on the European political agenda" (Interview 1: Jerry van den Berge (EGÖD)).

Die EBI war aus Sicht der InitiatorInnen – wie im folgenden Kapitel erläutert – dafür dienlich, BürgerInnen persönliche Betroffenheit durch EU-Politik klar zu machen und aus der daraus entstehenden politisch-medialen Dynamik Druck auf EU-EntscheidungsträgerInnen auszuüben. „So it's really a tool. It's a hammer. Do you use a hammer to fix a coffee machine? No. Do you use it to nail something? Yes" (Interview 3: Pablo Sanchez (EGÖD)).

11.9 Bisherige politische Folgeentwicklungen

Die Europäische Bürgerinitiative „right2water" hat bisher eine Reihe an politischen Folgen mit sich gebracht. In den beiden nächsten Abschnitten werden exemplarisch zwei konkrete Punkte näher beleuchtet. Zum einen die Konsultation zur „Trinkwasserrichtlinie", weil sie eine zentrale

Antwort vonseiten der Kommission auf die EBI ist, und zum anderen das Referendum in Thessaloniki, das als gutes Exemplar für das Weiterbestehen der Akteurs-Allianz und Forderungen von „right2water" nach formalem Ende der Bürgerinitiative dient. Die Konsultation wurde ausgewählt, weil sie die erste praktische Auswirkung der Mitteilung der Kommission war. Das Referendum von Thessaloniki ist insofern relevant, als es ein Beispiel dafür ist, wie die AkteurInnen von „right2water" ihren politischen Kampf auf nationale Ebene transformiert haben.

Davon abgesehen hat die Europäische Kommission, wie in der Mitteilung zu „right2water" angekündigt, ein Treffen der europäischen InteressensträgerInnen im (Ab-)Wasserbereich in Brüssel organisiert, um Richtwerte für die Wasserqualität und Wasserdienstleistungen zu entwickeln (vgl. European Commission 2014a). Dabei waren unter anderem die InitiatorInnen der EBI eingeladen, um ihre Positionen darzulegen (Interview 3: Pablo Sanchez (EGÖD)). Im Rahmen dieses Treffens wurde ein so genannter „Benchmarking-Prozess" gestartet, bei dem private und öffentliche Unternehmen der Wasserver- und -entsorgung miteinander verglichen werden. Neben den InitiatorInnen der EBI „right2water" waren auch NGOs, wissenschaftliche ExpertInnen, UnternehmensvertreterInnen, die OECD, die Weltgesundheitsorganisation (WHO) sowie die Weltbank anwesend (vgl. European Commision 2014a).

Zudem werden sowohl der Europäische Wirtschafts- und Sozialausschuss, als auch das Europäische Parlament noch Stellungnahmen zur offiziellen Mitteilung der Kommission ausarbeiten (Interview 1: Jerry van den Berge (EGÖD)/Interview 3: Pablo Sanchez (EGÖD)).

Eine zentrale inhaltliche Folgewirkung betrifft die oben bereits diskutierte Konzessionsrichtlinie. Die Forderung von „right2water" nach einer Ausnahme des Wasserbereichs aus der Richtlinie wurde verwirklicht. Diese Entwicklung hat aus Sicht der InitiatorInnen gezeigt, dass komplexe Sachverhalte BürgerInnen im Rahmen einer Bürgerinitiative durchaus auf verständliche Art und Weise erklärt werden können bzw. Gewerkschaften ihre politische Stärke auch auf europäischer Ebene bewiesen haben.

Darüber hinaus hat sich während der Durchführung der EBI ein europaweites Netzwerk zivilgesellschaftlicher Organisationen aus dem Wasserbereich mit dem Namen „European Water Movement" gebildet.

Zusätzlich entstanden besonders innerhalb der Kampagnen-Allianz in den Euro-Krisenländern des Südens (Portugal, Spanien, Italien, Griechenland) nationale Plattformen zur längerfristigen Verfolgung der Forderungen von „right2water" auch nach formalem Abschluss der Bürgerinitiative (Interview 3: Pablo Sanchez (EGÖD)). In Irland hat sich beispielsweise eine nicht direkt mit den Akteuren von „right2water" verbundene Kampagne etabliert, welche aber die gleichen Ziele verfolgt. Ihnen geht es darum, die öffentliche Wasserver- und -entsorgung zu sichern (ebda.).

Allgemein formuliert ist eine zivilgesellschaftliche Allianz aus Gewerkschaften, NGOs und individuellen BürgerInnen entstanden, die von den InitiatorInnen von „right2water" für weitere politische Initiativen im Wasserbereich genützt wird. So soll mithilfe dieser Community zum Beispiel Druck erzeugt werden, sodass im Rahmen der Diskussionen zu TTIP und CETA die Ausnahme des Wassersektors aus den Verhandlungen durchgesetzt werden kann (Interview 4: Thomas Kattnig (GDG-KMSfB)).

11.9.1 Öffentliche Konsultation zur „Trinkwasserrichtlinie"

Als eine in der Mitteilung an „right2water" angekündigte Folgemaßnahme hat die Generaldirektion Umwelt der Europäischen Kommission am 23. Juni 2014 eine öffentliche Konsultation zur so genannten „Trinkwasserrichtlinie" gestartet. Alle BürgerInnen hatten die Möglichkeit, innerhalb einer Frist von drei Monaten bis zum 23. September 2014 ihre Anliegen online einzubringen.[33] Als Zielgruppe für diese Konsultation wurden grundsätzlich alle BürgerInnen, aber auch die InteressensträgerInnen (Stakeholder) im Bereich der Wasserwirtschaft definiert.[34]

Die Kommission gibt an, die Interessen der BürgerInnen in dieser Thematik besser verstehen und darauf aufbauend mögliche Strategien zur Verbesserung der Versorgungsleistungen der selbigen mit qualitativ hochwertigem Trinkwasser entwickeln zu wollen. Auf Basis der Konsul-

---

33) European Commission (2014b): Consultation on the Quality of Drinking Water in the EU. Online verfügbar unter: http://ec.europa.eu/environment/consultations/water_drink_en.htm; abgerufen am 13. November 2014.

34) vgl. ebda.

tation wird dann entschieden, ob die „Trinkwasserrichtlinie" einer Überarbeitung unterzogen werden soll[35].

Insgesamt haben Angaben der InitiatorInnen von „right2water" zufolge rund 40.000 Einzelpersonen daran teilgenommen, wobei ca. 60 Prozent davon ländlichen Regionen entstammen (Interview 3: Pablo Sanchez (EGÖD)). Es partizipieren auch immer wieder Unternehmens-LobbyistInnen unter dem Deckmantel „BürgerInnen" bei öffentlichen Konsultationen. Der hohe Anteil an Personen aus einem nicht-städtischen Umfeld lässt aber darauf schließen, dass der Großteil der individuellen TeilnehmerInnen bei Konsultation zur Trinkwasserrichtlinie tatsächlich jener Community entspringt, die auch „right2water" unterstützt hat (ebda.).

11.9.2 Referendum in Thessaloniki

Im Mai 2014 forderten Gewerkschaften und andere zivilgesellschaftliche Gruppierungen rund um die so genannte „Initiative 136"[36] sowie die griechisch-orthodoxe Kirche ein lokales Referendum, in dem die Bevölkerung der griechischen Stadt Thessaloniki über die Privatisierung der kommunalen Wasserversorgung abstimmen sollte. Dieser Vorschlag wurde aber von der griechischen Regierung als nicht rechtmäßig angesehen. Dennoch haben die oben genannten Akteure dieses Referendum eigenständig organisiert und durchgeführt (vgl. EPSU 2014a).

Bei einer Wahlbeteiligung von rund 60 Prozent waren in etwa 98 Prozent der abgegebenen Stimmen gegen die von der Regierung forcierte und von der aus der Weltbank, dem Internationalen Währungsfonds und der Europäischen Kommission bestehenden Troika angeregte Privatisierung der Wasserver- und -entsorgung in Thessaloniki (vgl. EPSU 2014c). Die öffentlichen Schulden des griechischen Staates sollten durch Veräußerungen staatlicher Infrastruktur verringert werden, wofür

---

35) vgl. European Commission (2014b): Consultation on the Quality of Drinking Water in the EU. Online verfügbar unter: http://ec.europa.eu/environment/consultations/water_drink_en.htm; abgerufen am 13. November 2014.

36) Die „Initiative 136" ist eine griechische BürgerInnenbewegung, welche gegen die Privatisierung der Wasserwerke in Thessaloniki auftritt und sich gleichzeitig auch der „right2water"-Allianz angeschlossen hat (vgl. right2water o. J. b). Zusätzlich ist diese „Initiative 136" auch Teil des „European Water Movement".

sich unter anderem auch der Vorsitzende der Eurogruppe Jeroen Dijsselbloem stark machte (vgl. ebda.). Schlussendlich hat der große öffentliche Druck dafür gesorgt, dass der angestrebte Verkauf dieser öffentlichen Dienstleistung nicht durchgeführt wurde. Bereits zuvor hat sich der israelische Konzern „Mekorot" freiwillig als potentieller Käufer zurückgezogen, womit nur mehr das französische Unternehmen „Suez Environment" überblieb (vgl. EPSU 2014b).

Der Europäische Gewerkschaftsverband für den öffentlichen Dienst (EGÖD) hat bei der Organisation und Durchführung des Referendums in Thessaloniki maßgeblich mitgewirkt. So wurde eine Delegation von GewerkschafterInnen aus Österreich, Bulgarien, Frankreich, Deutschland, Italien, den Niederlanden und Schweden als UnterstützerInnen und WahlbeobachterInnen entsandt. Diese haben auch bei der Auszählung der Stimmen mitgeholfen. Zusätzlich wurde den InitiatorInnen des Referendums finanziell unter die Arme gegriffen (vgl. EPSU 2014a). EGÖD hat den Protest gegen die bevorstehende Privatisierung in Thessaloniki als logische Verlängerung des politischen Kampfs für die Forderungen von „right2water" gesehen. So wurde auch zu einer Demonstration am 15. Mai 2014 vor dem Hauptgebäude des angesprochenen französischen Konzerns „Suez Environment" aufgerufen (vgl. EPSU 2014b). Die Rolle der starken Gewerkschaftsverbände von Thessaloniki (und Athen) war schon bei der Bewerbung der EBI in Griechenland von großer Bedeutung. Ihre Verbindung mit dem europäischen Dachverband EGÖD war dann auch in Bezug auf die Privatisierungsdebatte in Thessaloniki entscheidend. So wurde durch die intensive Zusammenarbeit während der EBI „right2water" gewissermaßen die Basis für eine rasche Organisation dieses politischen Protests und des besagten Referendums in Thessaloniki gelegt.

Die zivilgesellschaftliche Gruppierung „European Water Movement", deren Mitglied die „Initiative 136" ist, hat sich ebenfalls gegen die Privatisierung der Wasserversorgung in Griechenland ausgesprochen. Anhand dieser Organisation zeigt sich erneut das Potential der raschen Transformation des Netzwerks von „right2water" in neue politische Initiativen. Schließlich ist das „European Water Movement" auch eine Organisation, welche während „right2water" entstanden ist und die EBI unterstützt hat (vgl. EPSU 2014a). Mit Tommaso Fattori ist sogar ein Vertreter des nationalen italienischen Zweiges dieser Bewegung im BürgerInnenausschuss gesessen und bei der Anhörung im EP zu Wort gekommen (vgl. right2water 2013a/Europäisches Parlament 2014: 02:54:20).

Alles in allem zeigt das Beispiel von Thessaloniki also, wie die Europäische Bürgerinitiative „right2water" nach ihrem formalen Ende weiterbesteht und die AkteurInnen dahinter ihre Allianzen in thematisch verwandten politischen Diskussionsprozessen nützen können. Dies ist eine jener am Anfang dieser Arbeit angesprochenen und durch das Instrument der Europäischen Bürgerinitiative möglich gewordenen, nichtabsehbaren Folgewirkungen.

12. Inwiefern wurde das Partizipationspotential der EBI bei „right2water" genützt?

Die zweite forschungsleitende Fragestellung bezog sich darauf, *wie erfolgreich das Partizipationspotential der EBI bei „right2water" genützt wurde und wie zufrieden die ProponentInnen damit sind.* Diesbezüglich lassen sich folgende Schlüsse ziehen.

Am Fallbeispiel „right2water" wird augenscheinlich, dass die EBI als eine OSCP zu klassifizieren ist, mit deren Hilfe die BürgerInnen nicht nur aktiv bestimmte politische Forderungen auf die formale Agenda der EU-Institutionen setzen können. So können insbesondere auch andere, sich in verschiedenen Phasen des EU-Policy-Zyklus befindliche Policies aufgegriffen werden. BürgerInnen können also mit der OSCP „Europäische Bürgerinitiative" sowohl neue politische Forderungen artikulieren, als bei der Entwicklung verschiedener EU-Policies mitwirken bzw. bereits implementierte Policies evaluieren.

So gesehen erlangen BürgerInnen – wie „right2water" aufzeigt – durch die EBI Teilhabechancen in einer Vielzahl an politischen Bereichen und EU-Policies, welche sich wiederum womöglich in unterschiedlichen Stadien des Policy-Zyklus befinden.

a) Agenda-Setting

Wie die Analyse des Fallbeispiels „right2water" zeigt, ist die Europäische Bürgerinitiative in erster Linie ein Instrument, mit dem BürgerInnen das Agenda-Setting auf europäischer Ebene übernehmen können. Die InitiatorInnen dieser EBI von EGÖD haben Wasser (als Menschenrecht) zu ihrem politischen Thema auserkoren und mithilfe der mehr als 1,6 Millionen (bzw. nach eigener Zählweise mehr als 1,8 Millionen) EU-BürgerInnen auf die formale Tagesordnung der EU-Institutionen im Allgemeinen bzw. der Kommission als zentrales Legislativorgan im Speziellen gebracht.

Neben dieser bei „right2water" genützten Chance, das formale Agenda-Setting zu beeinflussen, wurde im Rahmen der EBI auch versucht, die Themensetzung in andere politische Ebenen und Politikfelder hineinzutragen. So werden von „right2water" beispielsweise die Auswirkungen der EU-Handelspolitik (TTIP, CETA) auf die öffentliche Wasserversorgung in Europa thematisiert. Zudem wird nicht nur die Kommission zum Handeln aufgefordert, sondern ebenso die Mitgliedstaaten in die Pflicht genommen, im nationalstaatlichen Rahmen bzw. im Rat der EU das Menschenrecht auf Wasser zu realisieren.

b) Politikformulierung

Zum Zweiten wurde auch deutlich, dass die EBI als Mittel zur Teilhabe in Entscheidungsfindungsprozessen dienlich sein kann, wobei damit keine konkrete Entscheidungskompetenz gemeint ist. Die InitiatorInnen konnten im Rahmen der öffentlichen Anhörung im EP und des persönlichen Treffens mit der Europäischen Kommission darlegen, warum Wasser als Menschenrecht gelten solle und wie dieses Grundrecht zu implementieren sei. Die bei Beantwortung der ersten Forschungsfrage konstatierte interaktivere Beziehung von BürgerInnen zur Kommission im Rahmen einer formal erfolgreichen EBI hat sich bei „right2water“ aber speziell ausgeprägt bzw. auf andere EU-Institutionen ausgeweitet. Schließlich nahmen während der Anhörung mehrere EP-Fraktionen, der EWSA sowie der AdR auch Stellung zur EBI und teilten zumeist die Kritik der InitiatorInnen an der Kommission.

Außerdem haben die InitiatorInnen von „right2water“ die Debatte zur Konzessionsrichtlinie gut dafür genützt, mit Erfolg die Herausnahme des Wasserbereichs zu fordern und gleichzeitig Werbung für ihre eigene Kampagne zu machen. Insbesondere diese Änderung ist aus Sicht der InitiatorInnen selbst als einer der Haupterfolge gewertet worden.

Das aus der EBI hervorgehende Treffen der InteressensträgerInnen zur Diskussion von Richtwerten der Wasserqualität und -versorgung lässt sich ebenfalls als Beispiel für Möglichkeiten der Einbindung in Politikformulierungsprozesse anführen, wenngleich diese Teilhabe nur vermittelt über die InitiatorInnen vonstatten ging.

Bei der Erforschung des Fallbeispiels „right2water“ wurde ebenfalls deutlich, dass die Partizipationschancen in der Politikformulierung nicht nur auf die EU-Ebene beschränkt sind. Das Referendum der Bevölkerung in der griechischen Stadt Thessaloniki zur angedachten Privatisierung der kommunalen Wasserwerke ist in diesem Zusammenhang zu nennen. Sowohl die Organisation und Durchführung der Abstimmung, als auch begleitende politische Protestmaßnahmen wie die Demonstration vor dem Hauptgebäude eines potentiellen Käufers wurden von Gewerkschaften durchgeführt, welche auch bei der EBI eine gewichtige

Rolle gespielt haben. Zusätzlich haben die InitiatorInnen von „right2water“ das Referendum finanziell und organisatorisch mit einer europäischen Delegation unterstützt. Thessaloniki ist ein Beispiel für die mögliche Adaption einer EBI und ihrer AkteurInnen-Allianz auf nationalstaatlicher Ebene.

c) Kontrollmechanismus

Des Weiteren kann die EBI, wie „right2water“ zeigt, BürgerInnen die Chance eröffnen, bestimmte EU-Policies zu evaluieren und das Handeln der verantwortlichen PolitikerInnen bzw. Institutionen zu kontrollieren. Die von der Kommission durchgeführte öffentliche Konsultation der Trinkwasserrichtlinie kann hier beispielhaft angeführt werden. Bei ihr konnten BürgerInnen direkt diese bereits implementierte EU-Policy evaluieren.

d) Vorteil der organisierten Zivilgesellschaft

Nicht zuletzt lässt die Analyse von „right2water“ eindeutig darauf schließen, dass die organisierte Zivilgesellschaft und in ihr insbesondere Gewerkschaften und europaweit organisierte Nichtregierungsorganisationen das Instrument der EBI aufgrund ihrer vergleichsweise großen (finanziellen) Ressourcen gut nutzen können, um ihre Anliegen voranzutreiben. Demgegenüber stehen „einfache“ UnionsbürgerInnen, welche durch ihre Unterschrift zwar erst den formalen Erfolg bestimmen, jedoch bei der Entwicklung der politischen Ziele und der Organisation der Initiative keine große Rolle spielen. Die anfangs konstatierte Arbeitsteilung zwischen OrganisatorInnen und UnterzeichnerInnen einer EBI hat sich bei „right2water“ bestätigt. Genauer gesagt ergab sich bei „right2water“ im Wesentlichen eine Arbeitsaufteilung zwischen UnionsbürgerInnen und Gewerkschaften, welche als Zugpferde der Kampagne die Ziele vorab alleine definiert haben. Mit der EBI können also zwei unterschiedliche Ebenen bedient werden.

e) UnionsbürgerInnenschaft

Die bei der Beantwortung der ersten Forschungsfrage vorgebrachte Analyse, dass die EBI eine Stärkung der politischen Rechte von UnionsbürgerInnen gegenüber Nicht-EU-BürgerInnen mit sich bringe, kann am Fallbeispiel „right2water“ nur teilweise als gültig erachtet werden. Zwar stimmt dieser Befund hinsichtlich der Frage, wer das Instrument der EBI in Anspruch nehmen darf. Hat man aber die Auswirkungen einer Initiative im Blickfeld, so wird deutlich, dass alle innerhalb der EU lebenden Menschen von den politischen Folgewirkungen der EBI profitieren können. Dasselbe gilt für die globale Dimension dieser Bürgerinitiative. Sollte die EU auf Basis der EBI ihre Entwicklungszusammenarbeit strukturell verändern, würden auch außerhalb der EU lebende BürgerInnen ihren Nutzen daraus ziehen. Insofern ist die Nutzung der EBI als demokratisches Recht an die UnionsbürgerInnenschaft gebunden, wiewohl etwaige politische Erfolge allen innerhalb der EU lebenden Personen nützen.

13. Conclusio & Ausblick

UnionsbürgerInnen steht mit der EBI ein zusätzlicher Kanal zur politischen Partizipation auf europäischer Ebene offen. Bei „right2water" haben Gewerkschaften federführend die Initiative ergriffen und aktiv die Unterstützung der EU-Bevölkerung für ihre Anliegen gesucht. Anhand dieses Fallbeispiels wird aber augenscheinlich, dass mithilfe der EBI nur schwerlich konkrete politische Forderungen umgesetzt werden können, da die Umsetzungsverordnung 211/2011 die Kommission nicht zur direkten Umsetzung der Forderungen einer EBI zwingt. Trotz dieses neuen Instruments zur politischen Partizipation auf europäischer Ebene bleibt die POS der EU stark exklusiver Natur (vgl. Nentwich 1996: S. 8).

Die InitiatorInnen von „right2water" hatten drei Kernziele (vgl. Europäische Kommission 2014h):

1) Die Kommission soll eine Gesetzesinitiative mit dem Ziel starten, das Menschenrecht auf Wasser und sanitäre Grundversorgung auf europäischer Ebene zu verankern.
2) Der gesamte Bereich der Wasserwirtschaft soll von den Liberalisierungsbestrebungen des EU-Binnenmarkts ausgenommen werden.
3) Die EU soll auf globaler Ebene mehr Anstrengungen unternehmen, um allen Menschen den Zugang zu sauberem Trinkwasser und sanitärer Grundversorgung zu ermöglichen.

Zwei von drei Hauptforderungen wurden de facto nicht erfüllt. So hat die Kommission erstens keine Gesetzesinitiative zur Verankerung des Menschenrechts auf Wasser gestartet. Zweitens unterliegen sowohl die Trinkwasserversorgung, als auch die Bewirtschaftung der Wasserressourcen weiterhin den EU-Binnenmarktregeln. Bezüglich der dritten Forderung hinsichtlich des universellen Zugangs zu sauberem Trinkwasser und einer funktionierenden Sanitärversorgung sicherte die Kommission aber zu, verstärkte Anstrengungen auf globaler Ebene zu unternehmen.

Diese Europäische Bürgerinitiative hat aber auch eine Reihe politischer Konsequenzen mit sich gebracht. Die ohne den Wasserbereich verabschiedete Konzessionsrichtlinie wird von den InitiatorInnen selbst ebenso als Erfolg verbucht, wie die öffentliche Konsultation zur Trinkwasserrichtlinie oder das Treffen der InteressensträgerInnen aus dem

(Ab-)wasserbereich bezüglich der Richtwerte für Wasserqualität und -dienstleistungen.

Neben diesen inhaltlichen Folgewirkungen war für die InitiatorInnen von „right2water" auch von entscheidender Bedeutung, überhaupt als erste eine Europäische Bürgerinitiative organisiert zu haben, welche formal erfolgreich war. Niemand zuvor hatte das doppelte Quorum erreicht, eine Antwort der Kommission auf das vorgetragene Anliegen erhalten bzw. das Recht auf eine öffentliche Anhörung im EP und ein persönliches Treffen mit den zuständigen Generaldirektionen der Kommission erkämpft. Aus dieser Perspektive haben die AkteurInnen von „right2water" das volle politische Partizipationspotential der EBI genützt. Insofern ziehen die InitiatorInnen selbst ein ambivalentes Fazit.

Zusammengefasst birgt dieses Instrument für UnionsbürgerInnen die Chance, ein Thema auf die formale Agenda der EU zu setzen und europaweite Diskussionsprozesse zu starten. Nicht zuletzt zeigt „right2water", dass das politische Potential dieses direktdemokratischen Partizipationskanals insbesondere in der Chance für die InitiatorInnen liegt, ihre eigene Reputation zu stärken und damit eine gute Ausgangsbasis für weitere politische Kämpfe auf lokaler, regionaler, nationaler und europäischer Ebene aufzubauen.

> *„Es ist zwar jetzt der formale Ablauf der Bürgerinitiative abgeschlossen, allerdings die Kampagne läuft weiter, weil unsere Ziele sind ja nicht vollständig umgesetzt. Es ist ja noch vieles zu tun. Demzufolge fahren wir die Kampagne auch weiter."* (Interview 4: Thomas Kattnig (GDG-KMSfB))

Es wird sich zeigen, welche Folgemaßnahmen die Europäische Kommission noch lancieren wird, mit welchen Mitteln die Akteure von „right2water" versuchen werden, das von ihnen geforderte Menschenrecht auf Wasser in Zukunft voranzutreiben und welche Auswirkungen die Konsultation zur Trinkwasserrichtlinie mit sich bringen wird.

In einem ersten Schritt zur Evaluierung des bestehenden Modells der EBI hat es am 26. Februar 2015 eine öffentliche Anhörung im Europäischen Parlament gegeben. Organisiert wurde diese Konferenz von zwei Parlamentsausschüssen, dem Verfassungs- und dem Petitionsausschuss. Ziel war es, die EBI-Umsetzungsverordnung 211/2011 zu diskutieren, wobei neben VertreterInnen des Parlaments auch die Kommission, der

Rat der EU, der Wirtschafts- und Sozialausschuss, zivilgesellschaftliche Organisationen und EBI-OrganisatorInnen anwesend waren. Alle TeilnehmerInnen waren sich in einer Sache einig: Die Europäische Bürgerinitiative muss reformiert werden (vgl. European Citizen Action Service 2015).

Vonseiten der Kommission hat sich beispielsweise Kommissar Frans Timmermans eingebracht, welcher im Rahmen der neuen Kommission unter Präsident Jean-Claude Juncker die Agenden seines Vorgängers Maroš Šefčovič übernommen hat und damit auch ab sofort für die EBI zuständig ist. Die Kommission hat angekündigt, bis 2015 eine Evaluierung der Umsetzungsverordnung 211/2011 vorzulegen.

Nach dieser öffentlichen Anhörung im EP hat die EU-Ombudsfrau Emily O'Reilly mehrere Vorschläge veröffentlicht, wie die EBI aus ihrer Sicht zu reformieren sei. Allen voran fordert O'Reilly, dass die Kommission in Zukunft ausführlicher begründet, warum sie einzelne EBIs ablehnt. Außerdem soll die Kommission genauer erklären, was mit jenen Initiativen passiert, welche das doppelte Quorum überspringen (vgl. Der Europäische Bürgerbeauftragte 2015: Absatz 5). Zusätzlich fordert die EU-Ombudsfrau eine sofortige Verbesserung der Software zur elektronischen Unterschriftensammlung bzw. die Harmonisierung der rechtlichen Bedingungen zur Unterschriftenleistung in den EU-Mitgliedstaaten (vgl. ebda.). Damit stimmt O'Reilly im Wesentlichen mit den Kritikpunkten der OrganisatorInnen von „right2water" am derzeitigen Modell der EBI überein.

Es wird sich also zeigen, ob und wie die Umsetzungsverordnung 211/2011 tatsächlich reformiert wird und inwiefern BürgerInnen bei diesbezüglichen politischen Aushandlungsprozessen eingebunden werden.

14. Verzeichnisse

14.1 Abkürzungen

AdR	Ausschuss der Regionen
AEUV	Vertrag über die Arbeitsweise der Europäischen Union
APE	Aqua Publica Europea
Attac	Association pour une taxation des transactions financières pour l'aide aux citoyens
CETA	Comprehensive Economic and Trade Agreement
CGT	Confédération Générale du Travail
CITUB	Confederation of Independent Trade Unions of Bulgaria
CONECCS	Consultation, the European Commission and Civil Society
EAPN	European Anti Poverty Network
EBI/ECI	Europäische Bürgerinitiative/ European Citizens' Initiative
ECAS	European Citizens' Action Service
EEB	European Environmental Bureau
EGB	Europäischer Gewerkschaftsbund
EGÖD/EPSU	Europäischer Gewerkschaftsverband für den öffentlichen Dienst/ European Federation of Public Service Unions
EP	Europäisches Parlament
EPHA	European Public Health Alliance
EU	Europäische Union
EuGH	Europäischer Gerichtshof
EUV	Vertrag über die Europäische Union
EWSA	Europäischer Wirtschafts- und Sozialausschuss

FP CGIL	Funzione Pubblica Confederazione Generale Italiana del Lavoro
GD	Generaldirektion
GDG-KMSfB	Gewerkschaft der Gemeindebediensteten, Kunst, Medien, Sport, freie Berufe
GPA-djp	Gewerkschaft der Privatangestellten, Druck, Journalismus, Papier
IÖD	Internationale der Öffentlichen Dienste
MEP	Mitglied des Europäischen Parlaments
OECD	Organization for Economic Co-operation and Development
OSCP	Opportunity structures for citizens' participation
ÖGB	Österreichischer Gewerkschaftsbund
POS	Political opportunity structure
TTIP	Transatlantic Trade and Investment Partnership
WECF	Women in Europe for a Common Future
WHO	World Health Organization
WWF	World Wide Fund for Nature
ZG	Zivilgesellschaft

14.2 Abbildungen

14.3 Tabellen

14.4 Literatur

Beier, Bengt (2011): The European Citizens' Initiative in the context of the European democratic deficit. In: Pichler, Johannes W.; Kaufmann, Bruno [Hrsg.]: The next big thing. Making Europe Ready for the citizens' initiative. Neuer Wissenschaftlicher Verlag. Wien-Graz. S. 39–45.

Bogner, Alexander; Littig, Beate; Menz, Wolfgang [Hrsg.] (2009): Experteninterviews: Theorien, Methoden, Anwendungsfelder. 3. grundlegend überarbeitete Auflage. VS – Verlag für Sozialwissenschaften. Wiesbaden.

Bouza Garcia, Luis; Del Rio Villar, Susana (2012): The ECI as a Democratic Innovation: Analysing its Ability to Promote Inclusion, Empowerment and Responsiveness in European Civil Society. In: Perspectives on European Politics and Society, 13 (3), S. 312–324.

Buckel, Sonja; Georgi, Fabian; Kannankulam, John; Wissel, Jens (2012): „...wenn das Alte nicht stirbt und das neue nicht zur Welt kommen kann." Kräfteverhältnisse in der europäischen Krise. In: Forschungsgruppe Staatsprojekt Europa [Hrsg.]: Die EU in der Krise. Westfälisches Dampfboot. Münster. S. 12–49.

Cuesta-Lopez, Victor (2012): A Comparative Approach to the Regulation on the European Citizens' Initiative. In: Perspectives on European Politics and Society, 13 (3), S. 257–269.

De Clerck-Sachsse, Julia (2012): Civil Society and Democracy in the EU: The Paradox of the European Citizens' Initiative. In: Perspectives on European Politics and Society, 13 (3), S. 299–311.

Demirović Alex (2007): Politische Gesellschaft – zivile Gesellschaft. Zur Theorie des integralen Staates bei Antonio Gramsci. In: Buckel, Sonja; Fischer-Lescano, Andreas [Hrsg.] (2007): Hegemonie gepanzert mit Zwang. Zivilgesellschaft und Politik im Staatsverständnis Antonio Gramscis. Nomos-Verlag. Baden-Baden. S. 21–41.

Eisinger, Peter (1973): The Conditions of Protest Behaviour in American Cities. In: American Political Science Review, 67(1), S. 11–28.

Follesdal, Andreas; Hix, Simon (2006): Why There is a Democratic Deficit in the EU: A Response to Majone and Moravcsik. In: JCMS 2006, 44(3), S. 533–562.

Gläser, Jochen; Laudel, Grit (2009): Wenn zwei das Gleiche sagen... Qualitätsunterschiede zwischen Experten. S. 137–158. In: Bogner, Alexander; Littig, Beate; Menz, Wolfgang [Hrsg.] (2009): Experteninterviews: Theorien, Methoden, Anwendungsfelder. 3. grundlegend überarbeitete Auflage. VS-Verlag für Sozialwissenschaften. Wiesbaden.

Gramsci, Antonio (1991): Gefängnishefte. Kritische Gesamtausgabe. Bochmann, Klaus; Haug, Wolfgang Fritz [Hrsg.]. Argument. Hamburg/Berlin.

Greenwood, Justin (2012): The European Citizens' Initiative and EU Civil Society Organisations. In: Perspectives on European Politics and Society, 13(3), S. 325–336.

Holtmann, Everhard [Hrsg.] (2000): Politik-Lexikon. 3. völlig überarbeitete und erweiterte Auflage. Oldenbourg Verlag. München – Wien.

Jann, Werner; Wegrich, Kai (2009): Phasenmodelle und Politikprozesse: Der Policy Cycle. In: Schubert, Klaus; Bandelow, Nils [Hrsg.]: Lehrbuch der Politikfeldanalyse 2.0, 2. vollständig überarbeitete und erweiterte Auflage, Oldenbourg Verlag. München. S. 75–113.

Jansen, Thomas (2005): Zur Europäisierung der „organisierten" Zivilgesellschaft: ein Bericht aus der Praxis. In: Knodt, Michèle; Finke, Barbara [Hrsg.]: Europäische Zivilgesellschaft. Konzepte, Akteure, Strategien. VS-Verlag für Sozialwissenschaften. Wiesbaden. S. 153–169.

Kaufmann, Bruno (2010): The „new" participative paradigm. How the European Citizens' Initiative can become the standard bearer of 21th century super-democracy. In: Pichler, Johannes W. [Hrsg.] (2010): The European citizens' initiative – into new democratic territory. Berliner Wissenschaftlicher Verlag. Berlin. S. 33–47.

Kentmen-Cin, Cigdem (2014): Explaining willingness to use the European Citizens' Initiative: Political cynicism, anti-EU attitudes and voting weight of member states. In: Comparative European Politics, 12(3), S. 301–318.

Kitschelt, Herbert (1986): Political Opportunity Structures and Political Protest: Anti-Nuclear Movements in Four Democracies. In: British Journal of Political Science, 16(1), S. 57–85.

Knodt, Michèle (2005): Regieren im erweiterten europäischen Mehrebenensystem. Internationale Einbettung der EU in die WTO. Nomos Verlag. Baden-Baden.

Kohler-Koch, Beate (2004): Legitimes Regieren in der EU. Eine kritische Auseinandersetzung mit dem Weißbuch zum Europäischen Regieren. In: Kaiser, André; Zittel, Thomas [Hrsg.]: Demokratietheorie und Demokratieentwicklung. Eine Festschrift für Peter Graf Kielmansegg. VS-Verlag für Sozialwissenschaften. Wiesbaden. S. 423–445.

Kohler-Koch, Beate (2011a): Regieren mit der europäischen Zivilgesellschaft. In: Kohler-Koch, Beate; Quittkat, Christine [Hrsg.]: Die Entzauberung partizipativer Demokratie. Zur Rolle der Zivilgesellschaft bei der Demokratisierung von EU-Governance. Campus Verlag. Frankfurt/New York. S. 19–47.

Kohler-Koch, Beate (2011b): Die vielen Gesichter der europäischen Zivilgesellschaft. In: Kohler-Koch, Beate; Quittkat, Christine [Hrsg.]: Die Entzauberung partizipativer Demokratie. Zur Rolle der Zivilgesellschaft bei der Demokratisierung von EU-Governance. Campus Verlag. Frankfurt/New York. S. 48–73.

Kohler-Koch, Beate (2011c): Zivilgesellschaftliche Partizipation: Zugewinn an Demokratie oder Pluralisierung der europäischen Lobby? In: Kohler-Koch, Beate; Quittkat, Christine [Hrsg.]: Die Entzauberung partizipativer Demokratie. Zur Rolle der Zivilgesellschaft bei der Demokratisierung von EU-Governance. Campus Verlag. Frankfurt/New York. S. 241–271.

Kohler-Koch, Beate (2012): Politische Gesellschaft und demokratische Reformierbarkeit der EU. In: Asbach, Olaf et al. [Hrsg.]: Zur kritischen Theorie der politischen Gesellschaft. VS-Verlag für Sozialwissenschaften. Wiesbaden. S. 237–254.

Kohler-Koch, Beate; Conzelmann, Thomas; Knodt, Michèle (2004): Europäische Integration – Europäisches Regieren. VS-Verlag für Sozialwissenschaften. Wiesbaden.

Kohler-Koch, Beate; Finke, Barbara (2007): The Institutional Shaping of EU-Society Relations: A Contribution to Democracy via Participation? In: Journal of Civil Society, 3(3), S. 205–221.

Kohler-Koch, Beate; Quittkat, Christine [Hrsg.] (2011): Die Entzauberung partizipativer Demokratie. Zur Rolle der Zivilgesellschaft bei der Demokratisierung von EU-Governance. Campus Verlag. Frankfurt/New York.

Kriesi, Hanspeter; Koopmans, Ruudi; Duyvendak, Jan Willem; Giugni, Marco (1992): New Social Movements and Political Opportunities in Western Europe. In: European Journal of Political Research, 22(2), S. 219–244.

Lauth, Hans-Joachim; Pickel, Gert; Pickel, Susanne (2013): Vergleich politischer Systeme. Verlag Ferdinand Schöningh – UTB. Paderborn/Stuttgart.

Maurer, Andreas; Vogel, Stephan (2009): Die Europäische Bürgerinitiative – Chancen, Grenzen und Umsetzungsempfehlungen. SWP-Studien 2009/28. Online verfügbar unter: http://www.swp-berlin.org/fileadmin/contents/products/studien/2009_S28_mrr_vogel_ks.pdf; abgerufen am 13. Oktober 2014.

Monaghan, Elizabeth (2012): Assessing Participation and Democracy in the EU: The Case of the European Citizens' Initiative. In: Perspectives on European Politics and Society, 13(3), S. 285–298.

Nentwich, Michael (1996): Opportunity Structures for Citizens' Participation: The Case of the European Union. In: European Integration online Papers (EIoP), 0(1), S. 1–24. Online verfügbar unter: http://eiop.or.at/eiop/pdf/1996-001.pdf; abgerufen am 13. Oktober 2014.

Patzelt, Werner (2003): Einführung in die Politikwissenschaft. Grundriß des Faches und studiumbegleitende Orientierung; Wissenschaftsverlag. Passau.

Pichler, Johannes W. [Hrsg.] (2008): Verändern wir Europa! Die Europäische Initiative – Art 8b (4) Vertrag von Lissabon. Neuer Wissenschaftlicher Verlag. Wien – Graz.

Pichler, Johannes W.; Kaufmann, Bruno [Hrsg.] (2010): The European citizens' initiative – into new democratic territory. Neuer Wissenschaftlicher Verlag. Wien – Graz.

Pichler, Johannes W.; Kaufmann, Bruno [Hrsg.] (2011): The next big thing: making Europe ready for the citizens' initiative. Neuer Wissenschaftlicher Verlag. Wien – Graz.

Pollak, Johannes; Slominski Peter (2012): Das politische System der EU. 2. Auflage. Facultas WUV – UTB. Wien.

Quittkat, Christine; Kohler-Koch, Beate (2011): Die Öffnung der europäischen Politik für die Zivilgesellschaft – das Konsultationsregime der Europäischen Kommission. In: Kohler-Koch, Beate; Quittkat, Christine [Hrsg.]: Die Entzauberung partizipativer Demokratie. Zur Rolle der Zivilgesellschaft bei der Demokratisierung von EU-Governance. Campus Verlag. Frankfurt/New York. S. 74–97.

Quittkat, Christine (2012): Die EBI – (K)ein Tor zur europäischen Politik für „Normalbürger". In: Forschungsjournal soziale Bewegungen, 25(4), S. 69–79.

Richardson, Jeremy John (1994): EU Water Policy: Uncertain Agendas, Shifting Networks and complex Coalitions. In: Environmental Politics, 3(4), S. 139–167.

Sabido, Pascoe (2013): A Year of Broken Promises: Big business still put in charge of EU Expert Groups, despite commitment to reform. Alliance for Lobbying Transparency and Ethics Regulation (Alter-EU), Österreichischer Gewerkschaftsbund (ÖGB), Österreichische Bundesarbeitskammer (AK). Brüssel. Online verfügbar unter: http://www.alter-eu.org/sites/default/files/documents/Broken_Promises_web.pdf; abgerufen am 13. Oktober 2014.

Schneider, Volker; Janning, Frank (2006): Politikfeldanalyse. Akteure, Diskurse und Netzwerke in der öffentlichen Politik, VS-Verlag für Sozialwissenschaften. Wiesbaden

Schubert, Klaus; Bandelow, Nils (2009): Politikfeldanalyse: Dimensionen und Fragestellungen. In: Schubert, Klaus; Bandelow, Nils [Hrsg.]: Lehrbuch der Politikfeldanalyse 2.0, 2. vollständig überarbeitete und erweiterte Auflage. Oldenbourg Verlag. München. S. 1–22.

Struelens, Jochem (2011): Effective Participation, Public Deliberation, and Active European Citizenship. In: Pichler, Johannes W.; Kaufmann, Bruno [Hrsg.]: The next big thing: making Europe ready for the citizens' initiative. Neuer Wissenschaftlicher Verlag. Wien – Graz. S. 81–84.

Szeligowska, Dorota; Mincheva, Elitsa (2012): The European Citizens' Initiative – Empowering European Citizens within the Institutional Triangle: A Political and Legal Analysis. In: Perspectives on European Politics and Society, 13(3), S. 270–284.

Tarrow, Sidney (1989): Struggle, Politics and Reform: Collective Action, Social Movements, and Cycles of Protest. In: Cornell Studies in International Affairs. Western Societies Papers. Occasional Paper, 21, Centre for International Studies, Cornell University.

Tarrow, Sidney (1995): The Europeanization of Conflict: Reflections from Social Movements Research. In: Western European Politics, 18(2), S. 223–251.

Wessels, Wolfgang (2008): Das politische System der Europäischen Union. VS-Verlag für Sozialwissenschaften. Wiesbaden.

14.5 Offizielle Dokumente

EGÖD (2014): Antwort der Kommission auf die erste Europäische Bürgerinitiative ist wenig ambitioniert. Pressemitteilung. 19. März 2014. Online verfügbar unter: http://www.epsu.org/IMG/pdf/PR_2014_03_19_Commission_lacks_ambition-_DE.pdf, abgerufen am 6. November 2014.

EPSU (2014a): Thessaloniki Water Company (EYATH) – referendum. EPSU Circular LC N° 6. 12. März 2014. Online verfügbar unter: http://www.epsu.org/IMG/pdf/EPSU_LC6_12-03-14Thessaloniki_Water_referendum.pdf; abgerufen am 7. November 2014.

EPSU (2014b): EPSU Press communication. 14. Mai 2014. EPSU supports NO vote in Thessaloniki Water Referendum; asks Suez Environment to respect outcome. Online verfügbar unter: http://www.epsu.org/IMG/pdf/PR_2014_05_14_referendum_Thessaloniki-2.pdf; abgerufen am 7. November 2014.

EPSU (2014c): EPSU Press communication. 30. Juni 2014. Eurozone President and Dutch Finance Minister Dijsselbloem suffers crushing defeat in Greek saga. Online verfügbar unter: http://www.epsu.org/IMG/pdf/PR_2014_06_30_Greek_water.pdf; abgerufen am 30. Oktober 2014.

EPSU (o. J.): Funding of the European Citizens Initiative. Online verfügbar unter http://ec.europa.eu/citizens-initiative/public/documents/19; abgerufen am 11. November 2014.

Europäische Kommission (2001): Europäisches Regieren. Ein Weißbuch. [KOM (2001) 428 endgültig]. In: Amtsblatt der Europäischen Gemeinschaften, C 287/1–29, 12. Oktober 2001.

Europäische Kommission (2014a): Mitteilung der Kommission über die europäische Bürgerinitiative „Wasser und sanitäre Grundversorgung sind ein Menschenrecht! Wasser ist ein öffentliches Gut, keine Handelsware!“ COM(2014) 177 final. 19. März 2014. Online verfügbar unter: http://eur-lex.europa.eu/legal-content/DE/TXT/PDF/?uri=CELEX:52014DC0177&from=en; abgerufen am 22. Oktober 2014.

Europäische Kommission (2014b): Anhang zur Mitteilung der Kommission über die europäische Bürgerinitiative „Wasser und sanitäre Grundversorgung sind ein Menschenrecht! Wasser ist ein öffentliches Gut, keine Handelsware!“ COM(2014) 177 final ANNEX 1. 19. März 2014. Online verfügbar unter: http://ec.europa.eu/transparency/com_2014_177_f1_annex_de_v3_p1_763640.pdf; abgerufen am 22. Oktober 2014.

Europäische Kommission (2014c): Kommission sagt „ja“ zur ersten erfolgreichen europäischen Bürgerinitiative. Pressemitteilung. 19. März 2014. Online verfügbar unter: http://europa.eu/rapid/press-release_IP-14-277_de.pdf; abgerufen am 6. November 2014.

Europäische Kommission (2014d): Mitteilung der Kommission über die europäische Bürgerinitiative „Einer von uns". COM(2014) 355 final. 28. Mai 2014, Online verfügbar unter: http://ec.europa.eu/research/eci/one-of-us_de.pdf; abgerufen am 13. Oktober 2014.

Europäische Kommission (2014e): Umwelt: Kommission befragt Bürgerinnen und Bürger zur Qualität des Trinkwassers in der EU. Pressemitteilung IP/14/710. 23. Juni 2014. Online verfügbar unter: http://europa.eu/rapid/press-release_IP-14-710_de.htm; abgerufen am 26. August 2014.

Europäische Kommission (2014f): Leitfaden zur Europäischen Bürgerinitiative. 2. Auflage. Amt für Veröffentlichungen der Europäischen Kommission. Luxemburg. Online verfügbar unter: http://ec.europa.eu/citizens-initiative/public/guide?lg=de; abgerufen am 29. September 2014.

Europäische Kommission (2014g): Ihre Stimme in Europa! Zuletzt aktualisiert am 30. Juni 2014. Online verfügbar unter: http://ec.europa.eu/yourvoice/index_de.htm; abgerufen am 7. August 2014.

Europäische Union (2011a): Verordnung (EU) Nr. 211/2011 des Europäischen Parlaments und des Rates vom 16. Februar 2011 über die Bürgerinitiative. In: Amtsblatt der EU, L 65/1–22, 11. März 2011.

Europäische Union (2012a): Vertrag über die Europäische Union – konsolidierte Version. In: Amtsblatt der EU, C 326/13–45, 26. Oktober 2012.

Europäische Union (2012b): Vertrag über die Arbeitsweise der Europäischen Union – konsolidierte Version. In: Amtsblatt der EU, C 326/47–199. 26. Oktober 2012.

Europäische Union (2014a): Delegierte Verordnung (EU) Nr. 531/2014 der Kommission vom 12. März 2014 zur Änderung von Anhang I der Verordnung (EU) Nr. 211/2011 des Europäischen Parlaments und des Rates über die Bürgerinitiative. In: Amtsblatt der EU, L 148/52–53, 20. Mai 2014.

Europäische Union (2014b): Ihr Europa. Wahlen im Ausland. Wahlen zum Europäischen Parlament. Zuletzt aktualisiert am 6. Oktober 2014. Online verfügbar unter: http://europa.eu/youreurope/citizens/residence/elections-abroad/epelections/index_de.htm; abgerufen am 6. Oktober 2014.

Europäischer Konvent (2003): Entwurf. Vertrag über eine Verfassung für Europa. CONV 850/03. Brüssel. 18. Juli 2003. Online verfügbar unter: https://www.ecb.europa.eu/ecb/legal/pdf/cv00850.de03.pdf; abgerufen am 13. Oktober 2014.

Europäisches Attac-Netzwerk (2007): Auf dem Weg zu einem neuen rechtlichen Fundament für die Europäische Union. Attacs 10 Prinzipien für einen demokratischen EU-Vertrag. 11. März 2007. Online verfügbar unter: http://www.attac.at/fileadmin/_migrated/content_uploads/2007_Attac_10Prinzipien_fuer_demokratischen_EU_Vertrag.pdf; abgerufen am 27. August 2014.

Europäisches Parlament (2004): Dienstleistungen vom allgemeinem Interesse. P5_TA-PROV(2004)0018. Entschließung des Europäischen Parlaments zu dem Grünbuch der Kommission zu Dienstleistungen von allgemeinem Interesse. [KOM(2003) 270 – 2003/2152(INI)]. Online verfügbar unter: http://www.europarl.europa.eu/RegData/seance_pleniere/textes_adoptes/provisoire/2004/01-14/P5_TA-PROV%282004%2901-14_DE.pdf; abgerufen am 13. November 2014. S. 15–26.

Europäisches Parlament (2006): Entschließung des Europäischen Parlaments zum Vierten Weltwasserforum in Mexiko-Stadt (16. bis 22. März 2006). P6_TA(2006)00087. Online verfügbar unter: http://www.europarl.europa.eu/sides/getDoc.do?pubRef=-//EP//NONSGML+TA+P6-TA-2006-0087+0+DOC+PDF+V0//DE; abgerufen am 12. November 2014.

Europäisches Parlament (2012): Entschließung des Europäischen Parlaments vom 3. Juli 2012 zur Umsetzung der Wassergesetzgebung der EU im Vorfeld einer notwendigen Gesamtstrategie zur Bewältigung der europäischen Wasserproblematik. [2011/2297 (INI)]. Online verfügbar unter: http://www.europarl.europa.eu/sides/getDoc.do?pubRef=-//EP//TEXT+TA+P7-TA-2012-0273+0+DOC+XML+V0//DE; abgerufen am 10. November 2014.

Europäisches Parlament; Rat der Europäischen Union (2000): Richtlinie 2000/60/EG des Europäischen Parlaments und des Rates vom 23. Oktober 2000 zur Schaffung eines Ordnungsrahmens für Maßnahmen der Gemeinschaft im Bereich der Wasserpolitik. In: Amtsblatt der Europäischen Gemeinschaften. L 327/1–72. 22. Dezember 2000.

European Commission (2014a): Multi-Stakeholder Dialogue on Benchmarking Water Quality and Services. Directorate-General Environment; Directorate-General Internal Market and Services. 9. September 2014. Online verfügbar unter: https://circabc.europa.eu/sd/a/88686914-58e8-4a3c-bd7f-2e9fa572248a/140924-meeting%20record%20BM%20stakeholder%20dialogue.pdf; abgerufen am 15. Dezember 2014.

European Commission (2014b): Your request for registration of a proposed citizen's initiative entitled „STOP TTIP". C(2014) 6501 final. 10. September 2014. Online verfügbar unter: http://ec.europa.eu/citizens-initiative/public/initiatives/non-registered/details/2041; abgerufen am 13. Oktober 2014.

Kommission der Europäischen Gemeinschaften (2002): Mitteilung der Kommission. Hin zu einer verstärkten Kultur der Konsultation und des Dialogs – Allgemeine Grundsätze und Mindeststandards für die Konsultation betroffener Parteien durch die Kommission. KOM (2002) 704 final. 11. Dezember 2002. Online verfügbar unter: http://eur-lex.europa.eu/legal-content/DE/TXT/PDF/?uri=CELEX:52002DC0704&from=DE; abgerufen am 13. Oktober 2014.

Rat der Europäischen Gemeinschaften (1991): Richtlinie 91/271/EWG des Rates vom 21. Mai 1991 über die Behandlung von kommunalem Wasser. In: Amtsblatt der Europäischen Gemeinschaften, L 135/40–52. 30. Mai 1991.

Rat der Europäischen Union (1998): Richtlinie 98/83/EG des Rates vom 3. November 1998 über die Qualität von Wasser für den menschlichen Verbrauch. In: Amtsblatt der Europäischen Gemeinschaften, L 330/32–54. 5. Dezember 1998.

Rat der Europäischen Union (2001): Richtlinie 2001/40/EG des Rates vom 28. Mai 2001 über die gegenseitige Anerkennung von Entscheidungen über die Rückführung von Drittstaatsangehörigen. In: Amtsblatt der Europäischen Gemeinschaften, L 149/34–36. 2. Juni 2001.

United Nations (2010a): Resolution adopted by the General Assembly. 64/292. The Human right to water and sanitation. A/RES/64/292. Sixty-fourth session. Agenda item 48. 108th plenary meeting. 28. Juli 2010. Distr.: General – 3. August 2010.

United Nations (2010b): Resolution adopted by the Human Rights Council. 15/9 – Human rights and access to safe drinking water and sanitation. A/HRC/RES/15/9. Fifteenth session. Agenda item 3. 31st meeting. 30. September 2010. Distr.: General – 6. Oktober 2010.

Vereinte Nationen (1954): Übereinkommen über die Rechtsstellung der Staatenlosen vom 28. September 1954.
Online verfügbar unter:
http://www.refworld.org/cgi-bin/texis/vtx/rwmain/opendocpdf.pdf?reldoc=y&docid=48904f2f2; abgerufen am 13. Oktober 2014.

World Health Organization; UNICEF (2010): Joint Monitor Programme. Progess on sanitation and drinking water.
Online verfügbar unter:
http://www.wssinfo.org/fileadmin/user_upload/resources/1278061137-JMP_report_2010_en.pdf; abgerufen am 12. November 2014.

14.6 Weiterführende Internetquellen

ARD-Monitor (2012): ARD-Monitor 13. Dezember 2012. Geheimoperation Wasser – EU fördert Wasserprivatisierung. Online verfügbar unter: https://www.youtube.com/watch?v=Xq4ncp-iNNA; abgerufen am 9. Dezember 2014.

Der Europäische Bürgerbeauftragte (2015): Ombudsfrau fordert Kommission auf, Europäische Bürgerinitiative politisch relevanter zu machen. Pressemitteilung Nr. 4/2015. 6. März 2015. Online verfügbar unter: http://www.ombudsman.europa.eu /de/press/release.faces/de/59208/html.bookmark; abgerufen am 13. März 2015.

European Citizen Action Service (2015): Three years of the ECI: European Parliament Hearing. 2. März 2015. Online verfügbar unter: http://www.ecas.org/three-years-eci-european-parliament-hearing/; abgerufen am 13. März 2015

Europäische Kommission (2014h): Die Europäische Bürgerinitiative. Amtliches Register. Water and sanitation are a human right! Water is a public good, not a commodity! Zuletzt aktualisiert am 13. Oktober 2014. Online verfügbar unter http://ec.europa.eu/citizens-initiative/public/initiatives/finalised/details/2012/000003/en; abgerufen am 22. November 2014.

Europäische Kommission (2015): Die Europäische Bürgerinitiative. Amtliches Register. Zuletzt aktualisiert am 12. März 2015. Online verfügbar unter: http://ec.europa.eu/citizens-initiative; abgerufen am 12. März 2015.

Europäisches Parlament (2014): Anhörungen. Petitionsausschuss, Ausschuss für Binnenmarkt und Verbraucherschutz, Entwicklungsausschuss, Ausschuss für Umweltfragen, öffentliche Gesundheit und Lebensmittelsicherheit. Gemeinsame Sitzung. 17. Februar 2014. Online verfügbar unter: http://www.europarl.europa.eu/ep-live/de/committees/video?event=20140217-1500-COMMITTEE-ENVI-DEVE-IMCO-PETI; abgerufen am 23. Oktober 2014.

European Commission (2014b): Consultation on the Quality of Drinking Water in the EU. Online verfügbar unter: http://ec.europa.eu/environment/consultations/water_drink_en.htm; abgerufen am 13. November 2014.

Neues aus der Anstalt (2013): Erwin Pelzig über die EU, Wasser und right2water. Erstausstrahlung am 22. Jänner 2013. Online verfügbar unter https://www.youtube.com/watch?v=gBg5AY5rfvQ; abgerufen am 9. Dezember 2014.

Republik Österreich – Parlament (2014): Parlament erklärt. Beteiligung der BürgerInnen. Volksbegehren. Zuletzt aktualisiert am 25. September 2014. Online verfügbar unter http://www.parlament.gv.at/PERK/BET/VOLKBG/; abgerufen am 25. September 2014.

Right2water (2013a): Citizen's committee – confirmed members. 11. Februar 2013. Online verfügbar unter: http://right2water.eu/sites/water/files/citizens%20committee%20table_5.pdf; abgerufen am 26. August 2014.

Right2water (2013b): EPSU coordination group for ECI Water is a human right. 3. September 2013. Online verfügbar unter: http://right2water.eu/sites/water/files/EPSU%20coordination%20group%20for%20ECI-%20list%20%282%29_13.pdf; abgerufen am 21. Oktober 2014.

Right2water (2013c): Results by country. 10. September 2013. Online verfügbar unter: http://right2water.eu/de/results; abgerufen am 26. August 2014.

Right2water (o. J. a): Who are we – organizations. Online verfügbar unter: http://www.right2water.eu/de/node/85; abgerufen am 7. November 2014.

Right2water (o. J. b): Unterstützende Organisationen. Front. Online verfügbar unter: http://www.right2water.eu/de/supporting-organisations; abgerufen am 7. November 2014.

Right2water (o. J. c): Members of the European Parliament. Online verfügbar unter: http://www.right2water.eu/de/gallery/members-european-parliament abgerufen am 7. November 2014.

Right2water (o. J. d): Botschafter. Online verfügbar unter: http://right2water.eu/de/ambassadors; abgerufen am 7. November 2014.

Right2water (o. J. e): European Citizens' Initiative. Water and sanitation are a human right. Water is a public good, not a commodity! Explanatory Note. Annex to the ECI Water and sanitation are a human right. Online verfügbar unter: http://ec.europa.eu/citizens-initiative/public/documents/20; abgerufen am 12. November 2014.

Social Platform (2014): Online verfügbar unter: http://www.socialplatform.org; abgerufen am 15. Dezember 2014.

STOP-TTIP (o. J.): Registration text. European Citizens' Initiative „STOP-TTIP". Online verfügbar unter: http://stop-ttip.org/registration/; abgerufen am 22. September 2014.

14.7 ExpertInneninterviews

Interview 1: Jerry van den Berge (EGÖD). 18. November 2014. EGÖD-Büro. Brüssel

Interview 2: Elisa Bruno (ECAS). 19. November 2014. ECAS-Büro. Brüssel

Interview 3: Pablo Sanchez (EGÖD). 20. November 2014. EGÖD-Büro. Brüssel

Interview 4: Thomas Kattnig (GDG-KMSfB). 26. November 2014. GDG-KMSfB Büro in der ÖGB-Zentrale. Wien

15. Anhang

15.1 Abstract auf Deutsch

Diese Masterarbeit analysiert das Partizipationspotential der Europäischen Bürgerinitiative (EBI) im Vergleich zu anderen Kanälen der politischen Einflussnahme von BürgerInnen auf europäischer Ebene. Dabei wird auf das theoretische Konzept der „Opportunitätsstrukturen für BürgerInnenbeteiligung" (OSCP) von Michael Nentwich zurückgegriffen, mithilfe dessen die EBI sowie auch alle anderen Teilhabeinstrumente charakterisiert werden. Darauf aufbauend erschließt sich der aktuelle Zustand der „politischen Opportunitätsstruktur" (POS) in der EU und inwiefern die EBI selbige verändert. BürgerInnen können mit dieser neuen OSCP, der EBI, insbesondere die formale Agenda auf europäischer Ebene bestimmen und umfassend in den EU-Policy-Prozess eingreifen. Dennoch bleibt die POS der EU stark exklusiver Natur. Der hohe Ressourcenaufwand einer Bürgerinitiative lässt darauf schließen, dass vor allem zivilgesellschaftliche Organisationen die Initiierung und Durchführung übernehmen.

Im Anschluss daran wird am Fallbeispiel „right2water" gezeigt, dass die Kernziele einer EBI schwer durchzusetzen, aber dennoch eine Vielzahl an politischen Folgewirkungen auf europäischer und auch nationaler Ebene zu beobachten sind. So hat die Kommission eine öffentliche Konsultation zur Trinkwasserrichtlinie durchgeführt. Ein zweites Beispiel dafür ist das Referendum in der griechischen Stadt Thessaloniki, bei dem die drohende Privatisierung der städtischen Wasserversorgung verhindert wurde. Die Abstimmung selbst wurde vor allem von GewerkschafterInnen der „right2water"-Allianz organisiert und gegen den Widerstand der griechischen Regierung und der Troika durchgeführt. „Right2water" offenbart schlussendlich die Notwendigkeit der Unterstützung einer EBI durch ressourcenstarke zivilgesellschaftliche Organisationen wie Gewerkschaften oder NGOs.

Schlüsselwörter: Europäische Bürgerinitiative (EBI), Opportunitätsstruktur für BürgerInnenbeteiligung (OSCP); Politische Opportunitätsstruktur (POS)

15.2 Abstract auf Englisch

This master's thesis analyses the participatory potential of the European Citizens' Initiative (ECI) in comparison to other channels of political participation of citizens at European level. For this purpose the theoretical concept of „Opportunity Structures for Citizens' Participation" (OSCP) by Michael Nentwich is used. This concept allows the comparative characterization of all means that enable citizens to participate in EU-politics.

Based on this theoretical analysis the thesis reveals the current state of the „political opportunity structure" (POS) within the EU and it shows in how far the European Citizens' Initiative changes the POS. Basically, using the ECI citizens can set the formal agenda at EU-level and on different levels they can intervene in the EU-policy-process. However, the POS of the EU stays strongly exclusive. Given the high financial and logistic efforts it takes to organize a European Citizens' Initiative, it seems rather likely that civil society organizations will take over the initiation and implementation of an ECI.

In the second part of this thesis the case study of „right2water" makes clear that the core objectives of an ECI are hard to be implemented. However, some political impact can be seen at European as well as at national level. Among further initiatives the European Commission has undertaken a public consultation concerning the „Drinking Water Directive". Another example is the referendum in the Greek city of Thessaloniki, where the population voted against the privatization of the public water service company. This referendum was mainly organized by trade unionists of the „right2water" coalition and implemented against the will of the Greek government and the Troika. „right2water" clearly shows the importance of civil society organizations – like trade unions or NGOs – to support an ECI as they often have the resources to organize a successful campaign.

Key words: European Citizens' Initiative (ECI); opportunity structures for citizens' participation (OSCP); political opportunity structure (POS)

15.3 Informationen zu den interviewten ExpertInnen

Jerry van den Berge ist Mitarbeiter im EGÖD-Sekretariat und in diesem Zusammenhang Teil des EGÖD-Koordinationskomittees. Zu seinen Fachgebieten zählen die Bereiche Wasserver- und -entsorgung, öffentliche Versorgung und der europäische Betriebsrat. Bei „right2water“ hat Jerry van den Berge gemeinsam mit Pablo Sanchez die zentrale Koordinierung der Kampagnenarbeit auf europäischer Ebene bzw. von Brüssel aus übernommen.

Elisa Bruno arbeitet für die Nichtregierungsorganisation „European Citizens' Action Service“ (ECAS) in Brüssel. Diese NGO versteht sich als Bindeglied zwischen BürgerInnen und den EU-Institutionen und versucht dementsprechend die demokratische Partizipation von BürgerInnen auf europäischer Ebene zu erleichtern. ECAS hat gemeinsam mit zwei weiteren zivilgesellschaftlichen AkteurInnen eine eigene Kampagne zur Europäischen Bürgerinitiative gestartet, im Rahmen derer BürgerInnen bei der Inanspruchnahme dieses Instruments beraten und begleitet werden. Elisa Bruno wiederum ist die zentrale Ansprechperson dafür und wurde insofern als Expertin für die EBI ausgewählt.

Pablo Sanchez ist als Mitarbeiter im EGÖD-Sekretariat für die Bereiche Kommunikation, Öffentlichkeitsarbeit und die Kooperation mit dem Europäischen Parlament zuständig. Im Rahmen von „right2water“ hat er als Mitglied der EGÖD-Koordinierungsgruppe eine entscheidende Rolle bei der zentralen Organisation dieser EBI auf europäischer Ebene gespielt. Dazu zählte beispielsweise unter anderem die Betreuung der Kampagnenhomepage www.right2water.eu.

Thomas Kattnig ist internationaler Sekretär der österreichischen Gewerkschaft der Gemeindebediensteten, Kunst, Medien, Sport und freie Berufe (GDG-KMSfB) und sitzt in diesem Zusammenhang auch im Europäischen Wirtschafts- und Sozialausschuss (EWSA). Seine nationale Gewerkschaft ist auch Mitglied des europäischen Dachverbands EGÖD. Kattnig hat die Leitung der Kampagne von „right2water“ in Österreich übernommen, scheint diesbezüglich auch auf der nationalen EGÖD-Koordinierungsliste als eine der drei österreichischen Ansprechpersonen auf.

Der Autor

Jakob Luger wurde 1988 in Freistadt geboren. Nach der Matura am Bundesgymnasium Freistadt hat er Politikwissenschaften an der Universität Wien sowie Europäische Studien am „Centre Européen Universitaire" in Nancy/Frankreich studiert. Zwischenzeitlich war Jakob Luger auch ein Jahr im Brüsseler Büro der österreichischen Arbeiterkammer tätig und in diesem Zusammenhang bei der Organisation und Durchführung europaweiter Kampagnen für die Einführung der Finanztransaktionssteuer und für sauberes Lobbying auf EU-Ebene involviert. Seit März 2015 arbeitet er im Büro des Präsidenten des Österreichischen Gewerkschaftsbundes, Erich Foglar.